황금시편

다윗 영성의 진수, 믹담 시편

황금 시편

고성준

규장

prologue

인생의 광야에서도 기쁨을 누렸던 다윗 신앙의 비밀

'다윗은 그 굴곡진 인생을 어떻게 버텼을까?'

어느 날 다윗의 인생이 궁금해졌습니다. 젊어서는 사울 왕을 피해 광야에서 도망자의 삶을 살았고, 골리앗의 고향 블레셋 가드에서 망명자의 삶을 살기도 했습니다. 아내를 빼앗기기도 하고, 말년에는 아들의 반란으로 치욕의 시간을 보내기도 했습니다. 이 굴곡의 시간 동안 다윗은 무슨 생각을 했으며, 이 절망의 시간 동안 다윗의 기도는 무엇이었을까요?

시편을 찾아보았습니다. 시편에는 '다윗의 믹담 시'라고 기록된 여섯 편의 시편이 있습니다. 16편 그리고 56편부터 60편인데, '믹담'이 무슨 의미인지는 명확하지 않습니다.

혹자는 이 시편들을 '황금의 시' 또는 '다윗의 보물'이라고 부르고, 또 다른 이는 믹담을 '비밀 혹은 신비'라고 해석하기도 합니다. 중요한 것은 이 시편들이 다윗 영성의 비결, 다윗 영성의 진수를 알려주는 시편이라는 것입니다.

믹담 시편들은 대부분 절망적인 인생의 위기에서 기록된 노래들입니다. 절망적인 위기에서 다윗이 하나님께 부르짖기 시작하는 것이 믹담 시편의 공통적인 특징입니다. 그리고 놀랍게도, 하나님께서는 다윗을 그 위기에서 구원하셨고, 다윗의 불안과 고통을 기쁨과 즐거움으로 바꾸셨습니다. 그런 의미에서 믹담은 '구원의 시편'입니다. 구원의 기쁨과 즐거움을 믿음으로 노래하고 있는 시편입니다.

'믿음'으로 노래한다는 사실에 주목하십시오. 아직 구

원이 이루어진 것은 아닙니다. 그러나 하나님께 피했을 때, 하나님 앞에 나아가 부르짖기 시작했을 때, 상황과는 관계없는 기쁨과 즐거움이 다윗에게 샘솟기 시작했습니다. 다윗은 그것을 노래하기 시작합니다. 그리고 그것이 다윗의 믹담 시가 되었습니다. 믹담은 기쁨의 노래이지만, 그 기쁨은 절망 속에서 부어진 기쁨이며, 그 즐거움은 이해할 수 없는 고난 속에서 부어진 즐거움입니다.

하나님의 백성이라고 해서 항상 탄탄대로만 걷게 되는 것은 아닙니다. 삶을 살다보면 위기를 만나기도 하고, 한계에 봉착하기도 합니다. 질병에 걸리기도 하고, 경제적으로 큰 어려움을 겪기도 합니다. 시험에 떨어질 때도 있고, 억울한 오해를 받기도 합니다. 더 어려운 것은 왜 그런 일이 일어났는지 이유를 알 수 없을 때입니다. 이러한 광야에서 어떻게 기쁨을 누릴 수 있을까요?

다윗은 그 비결을 믹담 시를 통해 우리에게 알려줍니다.

하나님께서 광야에서, 아니 광야이기 때문에 우리에게 기쁨과 즐거움을 주실 수 있다는 것입니다. 다윗의 믹담은 인생의 광야가 하나님을 예배하는 곳이라는 비밀을 알려주고 있습니다. 광야에서 하나님을 경외할 때, 이해가 아니라 경외를 선택할 때, 그곳에는 하나님께서 주시는 기쁨과 즐거움이 샘솟습니다.

맞아요. 하나님을 다 이해할 수는 없지만, 경외할 수는 있습니다. 그리고 그 선택이 우리를 다윗이 누렸던 것과 같은 기쁨으로 인도할 것입니다. 자, 다윗의 비밀을 캐내러 가봅시다. 다윗의 믹담에 담긴 보화를!

고성준

01

기쁨,
다윗 영성의 진수

시편 16편

시편 16편은 다윗의 기쁨과 즐거움을 노래하고 있는 다윗의 시편으로 여섯 개의 '믹담 시' 중 하나입니다.

다윗이 회개하면서 지은 몇몇 시편을 제외하면, 다른 대부분의 시편들은 다윗이 누렸던 풍성한 하나님의 은혜, 기쁨 그리고 즐거움을 노래하고 있습니다. 정말 굉장한 기쁨과 즐거움이 묘사되어 있습니다. 맞아요. 다윗 신앙의 핵심은 '기쁨'이며, 다윗 영성의 진수는 하나님 안에 있는 기쁨, 주의 오른편에 있는 영원한 즐거움입니다.

다윗을 위대한 하나님의 사람으로 칭송받게 하고, 하나님의 마음에 합한 자라 불리게 한 것은 하나님 앞에서 다윗이 누렸던 기쁨이었습니다. 다윗의 장막이라는 놀라운 예배의 유업을 우리에게 열어주고 물려준 것 역시 하나님 앞에서 다윗이 누렸던 즐거움이었습니다. 다시 말하지만, 다윗 신앙의 진수는 하나님을 기뻐하고 즐거워하는 것입니다.

시편 16편을 살펴보면서 다윗이 누렸던 이 기쁨을 우리도 맛보고 우리의 삶 가운데서도 누리기를 원합니다. 그렇게 될 때 우리도 다윗처럼 하나님과 동행할 수 있습니다.

주께 피하라

다윗 영성의 첫 번째 핵심은 '주께 피하는 것'입니다.

> 하나님이여 나를 지켜주소서
> 내가 주께 피하나이다
>
> 시 16:1

다윗은 인생의 위기를 많이 겪었던 사람입니다. 다른 사람들보다 더 큰 위기들을 여러 번 겪었습니다. 죽음의 위기도 수없이 겪었고, 사울 왕에게 억울하게 십수 년을 쫓겨 다니기도 했습니다. 아내를 빼앗기기도 하고, 말년에는 자식이 일으킨 반란에 쥐새끼처럼 도망가야 하는 수난도 겪습니다.

다윗은 정말 인생에 굴곡이 많았던 사람이었습니다. 그

런데 그럴 때마다 다윗의 선택은 항상 동일했습니다. 그것은 "하나님이여 나를 지켜주소서, 내가 주께 피하나이다!"입니다. 이것이 다윗의 선택이었고, 다윗 영성의 첫 번째 핵심입니다.

사람은 잘 믿는 것 같다가도 위기가 오면 애먼 짓을 합니다. 하나님을 잘 믿는 것 같았는데, 위기가 오면 하지 말아야 할 선택을 하는 것을 목회하면서 자주 봤습니다. 위기 가운데 믿음이 발휘되어야 하는데 결정적인 순간에 잘못된 선택을 합니다.

사람의 손을 의지하기도 하고, 은행을 기웃거리기도 합니다. 아는 인맥을 동원하기도 하고, 이것저것 계산하며 머리를 굴려 살길을 찾습니다. 참 안타깝습니다. 그러나 다윗은 그렇게 하지 않았습니다.

다윗은 평상시에는 넘어지고, 죄를 짓기도 했지만, 위기가 오면 항상 정신을 차렸습니다. 이것이 다윗의 탁월한 점입니다. 어쩌면 우리와 다윗의 차이인지도 모르겠습니다. 우리는 평소에는 멀쩡해 보이다가 위기가 오면 애먼 짓을 하는데, 다윗은 평상시에는 실수를 하는 것 같고, 잘못도 하는 것 같은데 결정적인 순간이 오면 하나님을 붙

잡습니다. 이것이 다윗을 다윗 되게 했습니다.

다윗은 위기 때마다 항상 동일한 선택을 했는데, 그것은 '주께 피하는 것'이었습니다. 주께서 구원하실 것을 믿음으로 취했습니다. 다른 신을 찾지 않았습니다.

인생이 괴로운 건 당신 때문이다

다른 신에게 예물을 드리는 자는
괴로움이 더할 것이라
나는 그들이 드리는 피의 전제를 드리지 아니하며
내 입술로 그 이름도 부르지 아니하리로다

시 16:4

다윗은 다른 신을 찾지도, 부르지도 않았습니다. 오늘날로 이야기하면 다른 수단을 의지하지도, 좋은 대책을 세우지도 않았다는 것입니다.

다윗은 중요한 한 가지 진리를 알고 있었습니다. 그것은 '여호와 하나님' 이외의 신은 결국 '괴로움'을 더할 뿐이라는 사실입니다. 다른 어떤 신도 - 세상의 어떤 것도, 돈도, 은행도, 사람도, 권력도, 지식도 - 영원한 즐거움을 주지 못합니다. 그것들은 그저 인생에 괴로움을 더할 뿐입니다. 일시적으로 문제를 해결할 수 있는 것 같아 보일지 몰라도, 결국은 삶에 괴로움만 더할 뿐입니다. 마치 썰물 때 밀려 나갔던 물이 밀물 때 다시 몰려 들어오듯이 말입니다. 그래서 다윗은 다른 신에게는 예물을 드리지 않았고, 입술로 그 이름을 부르지도 않았습니다.

이것을 바꾸어 이야기하면, 기쁨과 즐거움을 주실 분은 오직 '하나님 한 분'이라는 사실을 안 것입니다.

주께서 생명의 길을 내게 보이시리니
주의 앞에는 충만한 기쁨이 있고
주의 오른쪽에는 영원한 즐거움이 있나이다
시 16:11

기쁨은 여호와 하나님께만 있습니다. 다른 신 - 돈, 은행, 사람, 권력, 지식 - 그 어떤 것도 우리에게 영원한 즐거움을 주지 못합니다.

인생에 괴로움이 있는 것은 다른 신을 찾기 때문입니다.

삶의 위기 앞에서 우리는 수많은 다른 신의 이름을 부릅니다. 이 신도 좋고, 저 신도 좋고, 하여간 이 위기에서 나를 건져주는 자, 배부르게 해주는 것이 그들의 신입니다. "그들의 신은 배요"(빌 3:19). 하나님께 피하는 대신 다른 길을 찾습니다. 그리고 그 선택이 우리의 삶을 괴로움으로, 슬픔으로 점철되게 합니다.

오늘 우리에게 괴로움과 슬픔이 있다면, 과거의 어느 순간 잘못된 선택을 했기 때문입니다. 과거의 어느 시점에 괴로움과 슬픔이 들어오는 문을 열어준 것입니다. 실수로 열었든, 연약해서 열었든, 여호와 하나님을 부르고, 여호와 하나님께서 보이시는 길로 간 것이 아니라 다른 문을 연 것입니다.

그때는 잠깐 해결된 것처럼 보일 수도 있지만, 괴로움은 잠시 뒤로 밀려났다가 다시 크게 임합니다. 그러므로 회개하고 문을 닫는 것부터 시작하십시오. 기쁨의 회복은 과거에 열었던 문을 닫고 회개하는 것으로부터 시작해야 합니다.

기쁨을 빼앗긴 성도가 다다르는 길

빌립보서 2장에 '케노시스'라고 하는 비움 또는 내려놓음은 우리 안에 다른 신을 찾고 의지하던 것, 하나님 이외에 다른 길을 찾던 것을 비우라는 의미입니다.

내 힘을 의지하고, 내가 가진 것을 의지하는 것을 비워야 합니다. 그래야 하나님께서 역사하실 공간이 생깁니다. 하나님 외에 내가 의지했던 것들을 내려놓고 오직 하나님의 이름만 부르십시오. 그것이 케노시스입니다.

교회의 쇠퇴 역시 동일합니다. 교회 공동체가 어려움에 직면할 때, 하나님께 피하는 대신 다른 신을 찾고 의지하면, 교회는 그 기쁨을 빼기게 됩니다. 충만한 기쁨은 오직 주 앞에만 있기 때문입니다. 위기 앞에서 오직 믿음으로 잠잠히 하나님의 도우심을 구하는 대신 세상의 힘과 전략을 찾고 의지하면, 문제가 해결되는 것이 아니라 오히려 기쁨을 빼앗기고 괴로움만 더하게 됩니다. 그리고 기쁨을 빼앗긴 성도가 다다르게 되는 것은 율법과 종교, 생명 없는 종교생활입니다. 교회는 결국 쇠퇴하게 됩니다.

다윗은 오직 주께만 피하고 오직 주만을 의지했습니다. 이것이 다윗이 누렸던 영성의 첫 번째 핵심입니다. 기억하십시오. 기쁨은 오직 주께만 있습니다. 생명의 길은 오직 주께만 있습니다. 충만한 기쁨은 주 앞에 있고, 영원한 즐거움은 주의 오른쪽에 있습니다. 다른 신은 우리에게 괴로움을 더할 뿐입니다.

주의 이름을 부르십시오. 여호와 하나님의 이름을 부르십시오. 여호와 하나님께 피하십시오. "나의 유일한 소망은 하나님밖에 없습니다. 나의 유일한 힘은 하나님밖에 없습니다." 하나님만이 우리의 소망이시고, 하나님만이 우리의 피난처이시고, 하나님만이 우리의 생명이십니다. "내가 주께로 피합니다"라는 고백을 하며 주님께 나아가시길 바랍니다.

다른 신은 없습니다. 세상 그 어떤 것도 우리를 구원할 수 없고, 우리의 어떤 힘과 능력도 우리를 구원할 수 없습니다. 오직 하나님만이 우리를 구원하실 수 있습니다. "여호와여, 나를 지켜주십시오. 여호와여 나를 돌봐주십시오." 이 갈망과 부르짖음이 여러분의 기도가 되기를 축복합니다. 그럴 때 하나님께서 우리 안에 주께서 주시는 영원한 기쁨과 즐거움으로 충만케 하실 것입니다.

주밖에는 나의 복이 없다

다윗 신앙의 두 번째 핵심이 2절에 나와 있습니다.

> 내가 여호와께 아뢰되 주는 나의 주님이시오니
> 주밖에는 나의 복이 없다 하였나이다
> 시 16:2

다윗 신앙의 두 번째 핵심은 "주밖에는 나의 복이 없다"라는 고백입니다. '복'은 히브리어로 '토브'인데, 이것은 "좋은 것"이라는 의미입니다. 영어로 'good'에 해당하는 단어입니다. 즉, 주밖에는 나에게 '좋은 것'을 주시는 분이 없다는 것입니다. 다른 어떤 것도 나에게 좋은 것을 줄 수 없습니다. 시편 16편이 이야기하는 다윗 신앙의 두 번째 핵심은 "모든 좋은 것은 오직 하나님에게서만 온다"는 믿음입니다. 하나님께서 주신 것은 항상 좋은 것이라는 믿음입니다.

하나님께서 주시는 것은, 그것이 어떤 모양이든 어떤 형태든지 간에 항상 좋다는 것이 다윗의 믿음이었습니다. 하나님이 주시는 것은, 그것이 비록 우리 눈으로 볼 때 당장 좋은 것처럼 보이지 않을지라도, 항상 나에게 토브, 가장 좋은 것이며, 항상 선하고, 항상 복입니다.

다윗은 "하나님께서는 나에게 나쁜 것을 준 적이 없으십니다. 하나님께서 주시는 것은 항상 좋은 것입니다"라고 고백하고 있습니다.

이 믿음으로 다윗은 이렇게 고백합니다.

> 내게 줄로 재어 준 구역은 아름다운 곳에 있음이여
> 나의 기업이 실로 아름답도다
>
> 시 16:6

다윗은 하나님께서 내게 줄로 재어 준 구역 - 나의 기업 - 이 실로 아름답다고 고백합니다. '기업'은 히브리어로 '나하라'인데, 이는 토지, 재산 등 상속받은 유업을 의미합니다. 상속받았다는 것은 내가 선택한 것이 아니라 나와 관계없이 주어진 것을 의미합니다.

하나님께서 우리 인생에 '줄로 재어 준 구역'이 있습니다. "여기까지가 네 것이야." 내 선택이 아니라 하나님께서 정해주신 것이 있습니다. 예를 들어 인종, 성별, 부모

등 태어날 때부터 줄로 재어 주신 구역부터 사역, 재산, 가정, 외모 등 살아가며 누리는 것들까지 모두 하나님께서 줄로 재어 주신 구역입니다. 다윗은 이것들을 실로 아름답다고, 진실로 좋게 여겼습니다. 왜냐하면 하나님은 '토브'(좋은 것)만 주는 분이시기 때문입니다. 다윗의 기쁨은 여기서부터 왔습니다. 하나님이 주신 유업을 실로 아름답게 보았기 때문입니다.

하나님이 주신 것을 아름답게 여기지 않는 세대

오늘날 어그러진 세대는 하나님이 줄로 재어 주신 구역을 아름답게 여기지 않습니다. 남자로 태어난 것을 아름답게 여기지 않아 남자가 여자가 되려 하고, 여자로 태어난 것을 아름답게 여기지 않아 여자가 남자가 되려 합니다. 혼인을 폐하려 하고, 질서를 무너트리려 합니다. 대한민국 국민으로 태어나게 하신 것을 아름답게 여기지 않아 나라와 민족을 조롱하기도 하고, 부모를 원망하고, 환경을 저주하기도 합니다. 주께서 '내게 줄로 재어 준 구역'을 아름답게 여기지 않는 것입니다. 그 결과 우리 마음은 기쁨에서 떠나 원망과 슬픔으로 가득하게 됩니다.

또 어떤 경우에는 줄로 재어 준 구역을 넘어가려 하기도 합니다. 하나님이 주신 것 이상의 것을 욕심내는 것입니다. 줄로 재어 주신 이상의 재물을 탐하기도 하고, 줄로 재어 주신 사역 이상의 것을 욕심내기도 합니다. 줄로 재어 주신 은사 이상의 것을 발휘하려 하고, 줄로 재어 주신 누림 이상의 것을 누리려 하기도 합니다. 하나님께서 줄로 재어 주신 것을 아름답다고 생각하지 않고 오히려 '부족하다'고 생각하는 것이지요. 우리의 불만과 괴로움은 여기서부터 발생합니다.

다윗은 하나님께서 줄로 재어 준 구역, 내게 주신 기업이 실로 아름답다 하였습니다. 하나님이 주신 것을 진심으로 만족하고 기뻐했습니다. 이것이 다윗 신앙의 비밀입니다.

이 땅의 존귀한 성도들

또한 다윗은 하나님께서 허락하신 사람들을 즐거워했습니다.

땅에 있는 성도들은 존귀한 자들이니

나의 모든 즐거움이 그들에게 있도다

시 16:3

다윗은 하나님이 주신 모든 것을 선하다고 믿었는데, 그중에는 '사람들'도 있었습니다. 땅에 있는 성도들 말입니다. 나와 함께 하나님의 사랑을 나누고, 함께 하나님의 나라를 세워갈 사람들, 다윗의 모든 즐거움은 이들에게 있었습니다.

다윗은 하나님이 자신의 인생에 허락하신 사람들을 '성도'로 '존귀하게' 여겼습니다. 존귀하게 여긴다는 것은 사람을 함부로 대하거나 이용하지 않는 것입니다. 아무리 보잘것없어 보이고 어려도 그들은 하나님이 이 땅에 두신 성도이며 존귀한 자들입니다. 그래서 다윗은 사람의 직위와 나이, 소유나 재물과 관계없이 땅에 있는 모든 성도, 하나님의 나라를 함께 세워가라고 내 인생 가운데 두신 성도들을 모두 존귀한 자로 여겼습니다. 존귀하다는 것은 "가치가 있다", "크고 위대하다"는 뜻으로 주변 사람들이 이렇게 가치가 있으니 어찌 기쁘지 않겠습니까.

그와 반대로 함께 있는 사람들을 쓸모없고, 거추장스러

운 잉여 자원으로 여기거나, 경쟁해서 이겨야 할 대상으로 여긴다면 마음이 기쁘고 즐거울 리가 없을 것입니다.

하나님께서 허락하신 모든 것을 선한 것으로 여기는 믿음은 사람들에게도 그대로 적용됩니다. 나와 함께 있는 자들을 존귀하고, 위대한 자들로 인식한 다윗에게는 큰 기쁨이 있었습니다.

빌립보서에 나오는 바울의 기쁨도 다윗과 크게 다르지 않았습니다. 바울의 기쁨은 디모데, 에바브로디도 그리고 빌립보교회 성도였습니다. 기쁨의 근원이 다윗처럼 '사람들'입니다. 여러분은 어떠십니까? 부모님, 남편, 아내, 자녀들, 공동체를 정말 '토브'(좋은 것)로 보고 계십니까? 그렇지 않다면 성령께서 그 마음을 바꿔주셔야 합니다. 그렇게 될 때 하나님께서 허락하시는 기쁨과 즐거움이 충만해질 것입니다.

하나님의 훈계와 사람의 훈계

다윗은 하나님이 주신 것을 토브로 취했는데, 좋은 것뿐만이 아니라 훈계까지도 토브로 취했습니다. 마음에 드는 것, 보기에 좋은 것뿐만 아니라 하나님께서 질책하시는 것, 잘못했다고 말씀하시는 것까지도 토브로 취한 것입니다.

> 나를 훈계하신 여호와를 송축할지라
> 밤마다 내 양심이 나를 교훈하도다
> 시 16:7

이런 다윗의 태도가 다윗의 삶을 안전하게 보호했습니다. 만약 다윗이 하나님께서 훈계하시는 것을 좋은 것으로 취하지 않았다면, 다윗의 삶은 회복할 수 없는 나락으로 떨어졌을 것입니다. 그런데 감사하게도 다윗은 하나님이 훈계하시는 것까지도 토브로 받아들였습니다.

하나님의 훈계는 많은 경우, 스스로 깨닫기보다는 사람들을 통해서 옵니다. 왜냐하면 훈계가 필요한 상태라는 것은, 잘못을 스스로 인지할 만한 영적 상태가 아니라는 사실을 포함하기 때문입니다. 그렇기 때문에 훈계는 영적인 리더나 가족 또는 친구들을 통해서 옵니다. 따라서 우리가 하나님의 훈계를 감사히 받는다는 것은 사람의 훈계를 겸손히 받아들인다는 뜻이기도 합니다.

하나님의 훈계는 받을 수 있어도 사람의 훈계에 대해서는 자존심 상해 하며 받아들이지 못하는 사람들이 있는데, 사람의 훈계도 받지 못하는 사람이 어떻게 하나님의 훈계를 받겠습니까. 말도 안 되는 소리입니다. 훈계를 기쁘게 받느냐 아니냐는 그 사람의 내적 성품으로 하나님의 훈계를 기쁘게 받는 사람은 사람의 훈계 역시 기쁘게 받고, 사람의 훈계를 받아들이지 못하는 사람은 하나님의 훈계 역시 기뻐하지 않습니다.

다윗이 언제 여호와의 훈계를 받아들였습니까? 나단 선지자가 와서 이야기했을 때입니다. 나단 선지자의 말을 받아들이는 것은 결코 쉬운 일이 아니었습니다. 감히 왕 앞에서 일개 선지자가 훈계를 하는데 어떻게 쉽게 받아들이겠습니까. 하지만 다윗은 나단의 훈계를 하나님의 훈계로 받았습니다. 나락으로 떨어질 수 있었던 위기에서 다윗을 구원한 것은 이 겸손한 태도였습니다.

다윗은 하나님이 주신 모든 것을 감사히 받았고, 거기에는 훈계도 포함되어 있습니다. 다윗은 사람의 훈계도 감사히 받았습니다. 여러분도 사람의 훈계를 감사히 받는 다윗의 믿음을 취할 때 보호받을 수 있습니다.

또한 훈계를 받아들일 때 양심이 정상적으로 작동하기 시작합니다. 사람의 훈계를 받아들여서 하나님 앞에 무릎을 꿇을 때 비로소 우리의 양심이 정상적으로 작동되면서 하나님의 음성이 들리기 시작합니다. 하나님 앞에 회개하게 되는 것입니다.

하나님이 채우시는 잔

다윗은 여호와를 자신의 산업으로, 잔의 소득으로 고백했고, 그 결과 여호와께서 다윗의 분깃을 지켜주셨습니다.

> 여호와는 나의 산업과 나의 잔의 소득이시니
> 나의 분깃을 지키시나이다
>
> 시 16:5

여기서 '산업'은 영어로 'inheritance', 즉 "유업"이라는 뜻입니다. 부모로부터 물려받은, 또는 할당받은 '나의 몫'이라는 뜻이지요. 세상에 태어나서 '나에게 주어진 모든 것'을 의미합니다. 또한 '잔'은 우리 인생 가운데 채워지는 모든 것들을 의미하는데, 시편은 여러 번 잔을 언급합니다.

악인에게 그물을 던지시리니
불과 유황과 태우는 바람이
그들의 잔의 소득이 되리로다

시 11:6

내가 구원의 잔을 들고 여호와의 이름을 부르며

시 116:13

주께서 내 원수의 목전에서 내게 상을 차려 주시고
기름을 내 머리에 부으셨으니 내 잔이 넘치나이다

시 23:5

우리 인생의 잔에는 불과 유황과 태우는 바람이 가득 찰 수도 있고, 하나님의 구원과 기쁨으로 가득 찰 수도 있습니다. 다윗처럼 여호와로 자신의 분깃을 삼는 자, 여호와로 그 소득을 삼는 자의 잔은 '기쁨'으로 가득할 것입니다. 그 잔이 넘치게 하실 것입니다.

하나님과의 친밀한 동행

다윗 신앙의 세 번째 핵심입니다.

내가 여호와를 항상 내 앞에 모심이여
그가 나의 오른쪽에 계시므로
내가 흔들리지 아니하리로다

시 16:8

다윗은 항상 여호와를 그의 '앞에' 모셨고, 여호와를 그의 '오른쪽'에 두었습니다. 하나님과 항상 친밀하게 동행했다는 것입니다. '여호와를 항상 내 앞에 모셨다'는 것은 여호와께서 항상 내 앞에 계신 것처럼 인식하고 살았다는 것입니다. 말 한마디를 할 때도 여호와께서 내 앞에 계신 것처럼, 음식을 먹을 때도 여호와께서 내 앞에 계신 것처럼, 사람을 만날 때도, 사람이 없을 때도 여호와께서 항상 지금 내 앞에 계신 것처럼 살았습니다. 이것이 '항상 내 앞에 모시는' 것입니다.

또한 "여호와께서 나의 오른쪽에 계신다"고 고백하는데, 이 말은 길을 갈 때 하나님께서 나와 동행하신다고 인식한다는 것입니다. 앞서 '내 앞에'라고 하는 것은 여호와께서 지금 여기 계신다는 임재를 의식하는 것이라면 "나의 오른쪽에 계신다"는 것은 지금 나와 함께 걷고 계신다는 뜻입니다. 나와 나란히 걸어가는 분, 이것이 오른쪽에 계신다는 의미입니다.

전쟁에 나갈 때도, 출퇴근할 때도 나란히 걸어가십니다. 수술대 위에 누울 때도 나란히 누워 계시고, 떨리는 마음으로 시험장에 들어갈 때도 나란히 함께하십니다. 사망의 음침한 골짜기를 지날 때도 오른쪽에서 동행하시고, 황량한 광야를 통과할 때도 오른편에 계십니다.

이처럼 다윗 신앙의 세 번째 핵심은 하나님께서 친밀하게 함께하는 것이었습니다. 일주일에 한 번 교회 갈 때만 하나님을 인식하고, 교회 갈 때만 하나님을 생각하는 것이 아니라 날마다 숨 쉬는 순간마다, 모든 호흡마다 항상 하나님이 함께 계시고 동행하시는 것을 믿고 느끼며 살아간 것입니다. 그 결과 삶이 흔들리지 않았다고 고백합니다. "내가 흔들리지 아니하리로다."

다윗은 어떤 경우에도 당황하거나 흔들리지 않았습니다. 사울에게 쫓길 때도, 아내와 가족들이 적군에게 잡혀갔을 때도, 부하들이 요동하여 다윗을 죽이려 할 때도, 머리 둘 곳 없이 광야를 떠돌 때도, 아들 압살롬이 반란을 일으켰을 때도 다윗은 흔들리지 않았습니다. 왜냐하면 그때마다 오른쪽을 돌아봤기 때문입니다. 그리고 그곳에는 항상 한결같이 하나님이 계셨습니다.

광야에서도, 환난 가운데도, 위기 가운데도, 다윗이 오른쪽을 바라봤을 때, 거기에는 하나님이 계셨습니다. 흔들리지 않으시는 분! 어떤 상황에도, 어떤 환난에도 눈 하나 깜짝하지 않으시는 분이 거기 계시며, 나를 지키시며, 나와 함께 걷고 계셨습니다. "내가 흔들리지 아니하리로다!" 이것이 다윗 신앙의 정수였습니다. 여호와 하나님과 동행하는 삶! 매일의 모든 순간, 호흡하는 모든 시간마다 여호와 하나님을 인식하고 생각하고 친밀하게 하나님과 동행하는 삶! 그것이 다윗의 인생을 든든한 바위 위에 올려놓았습니다.

우리의 인생 역시 그럴 것입니다. 지금 광야를 걷고 계십니까? 오른쪽을 돌아보십시오. 여호와 하나님께서 거기 계신 것을 볼 것입니다. 사망의 음침한 골짜기를 지나고 계십니까? 오른쪽을 돌아보십시오. 나와 함께 걷고 계신 하나님이 거기 계실 것입니다. 매일매일 하나님과 동행하는 자의 삶은 결코 흔들리지 않을 것입니다.

내 영혼육의 평안

다윗이 이어서 고백합니다. 다윗 신앙의 결론이기도 합니다.

이러므로 나의 마음이 기쁘고
나의 영도 즐거워하며 내 육체도 안전히 살리니
이는 주께서 내 영혼을 스올에 버리지 아니하시며
주의 거룩한 자를 멸망시키지 않으실 것임이니이다
주께서 생명의 길을 내게 보이시리니
주의 앞에는 충만한 기쁨이 있고
주의 오른쪽에는 영원한 즐거움이 있나이다
시 16:9-11

'이러므로'가 무슨 말입니까? 앞에서 했던 다윗의 모든 고백이 포함된 것입니다. "내가 주께 피함으로, 내가 주께서 주신 모든 것을 선한 것으로 여김으로, 내가 모든 성도들을 존귀히 여김으로, 내가 주를 내 앞에 모시며, 주께서 내 오른편에 계신 것을 고백하며 주님과 친밀하게 동행함으로" 이 말입니다. '이러므로' 다윗은 그의 마음이 기쁘고, 그의 영도 즐거워했으며, 그의 육체에는 평안과 안식이 있었습니다!

앞서 이야기했듯이, 다윗의 인생은 결코 평탄하지 않았습니다. 왕으로 사는 인생이 어떻게 평탄하기만 했겠습니까. 다윗은 보통 사람들은 상상할 수 없는 인생의 굴곡을 통과한 사람이었습니다. 그러나 놀랍게도 광풍이 휘몰아치는 인생 가운데서, 사망의 음침한 골짜기를 지나면서, 다윗은 "나의 마음이 기쁘고, 나의 영도 즐거워하며, 내 육체도 안전하다"라고 고백합니다. 영과 혼과 육이 하나님 안에서 완전한 평강을 누렸습니다.

충만한 기쁨과 영원한 즐거움의 신앙

이어지는 10절에서 이렇게 고백합니다.

이는 주께서 내 영혼을 스올에 버리지 아니하시며
주의 거룩한 자를 멸망시키지 않으실 것임이니이다
시 16:10

영혼을 스올에 버리지 않으신다는 것은 내적인 생명을 이야기합니다. 하나님의 백성은 그 영혼이 결단코 메마르지 않습니다. 우리 영혼은 소망을 잃지 않고, 기쁨을 잃지 않고, 평안을 잃지 않습니다.

하나님께서는 우리를 멸망시키는 데 두지 않으십니다. 하나님의 백성은 비록 그 육체가 사망의 골짜기를 지날 때에도 그 영혼은 스올에 버려지지 않습니다. 하나님의 백성은 비록 온 세상이 어둠으로 뒤덮인 것 같을지라도, 그의 영혼은 스올에 버려지지 않습니다. 어둠 속에서도, 골짜기에서도, 환난 속에서도, 폭풍 한가운데서도, 하나님 백성의 영혼은 스올에 버려지지 않습니다. 하나님 백성의 영혼은 빛 가운데 거하며, 기쁨과 즐거움으로 충만합니다. 다윗의 인생이 그것을 전해주고 있습니다.

살면서 우리 인생 가운데 어떤 일이 있을지 우리는 모릅니다. 평탄할 수도 있고, 광야를 걸어갈 수도 있고, 폭풍이 휘몰아칠 수도 있습니다. 그렇지만 한 가지는 확실합니다. 하나님께서 우리 영혼을 스올에 버려두지 않는다는 것입니다. 우리의 영혼이 메마르지 않는다는 것입니다.

설령 광야 한가운데 있을지라도 목마르지 않을 것이고, 폭풍 한가운데 있을지라도 흔들리지 않을 것이고, 사망의 음침한 골짜기를 걸어갈지라도 낙심하지 않을 것입니다. 우리 영혼은 스올에 던져지지 않을 것입니다. 결국 하나님께서 우리를 구원하실 것입니다. 다윗은 이 말씀을 믿었습니다.

"하나님께서는 내 영혼을 스올에 버려두지 않으십니다. 하나님께서는 내 인생을 멸망에 버려두지 않으십니다. 반드시 구원하십니다. 내 영혼은 어떤 경우에도 메마르지 않습니다. 내 영혼은 어떤 경우에도 낙심하지 않습니다. 내 영혼은 어떤 경우에도 소망을 잃지 않습니다. 내 영혼은 어떤 경우에도 눌리지 않습니다."

이것이 다윗의 고백이었고, 하나님은 실제로 다윗을 그렇게 지키셨습니다. 이 말씀이 여러분의 인생 가운데서 이루어지기를 축복합니다.

주께서 생명의 길을 내게 보이시리니
주의 앞에는 충만한 기쁨이 있고
주의 오른쪽에는 영원한 즐거움이 있나이다

시 16:11

다윗 신앙의 정수는 충만한 기쁨과 영원한 즐거움입니다. 그것이 다윗의 시편이 생명으로 가득한 이유입니다. 그의 신앙은 율법이 아니었고, '억지로'가 아니었습니다. 기쁨이고 즐거움이었습니다. 다윗의 기쁨과 즐거움은 주의 앞에 있는 충만한 기쁨이었고, 주의 오른쪽에 있는 영원한 즐거움이었습니다. 하나님 앞에서 살아갈 때 하나님께서 주신 영적인 선물이었다는 것입니다.

우리 안에 이 영적인 선물이 가득하기를 기원합니다. 환경이 어떠하든지 상관없이, 다윗처럼 주의 앞에서 살아가는 자, 다윗처럼 주의 오른쪽에서 살아가는 자에게는 하늘로부터 오는 기쁨, 나의 마음이 기쁘고 나의 영도 즐거워하며 내 육체도 안전히 살아가게 되는 하늘의 축복이 임할 것입니다. 이 축복이 여러분 안에 충만하기를 축원합니다.

02

사람이 내게 어찌하리이까

시편 56편

시편 56편은 다윗의 믹담 중 하나입니다. 시편 56편의 배경은 다윗이 사울의 위협을 피해 블레셋 가드로 도피했을 때입니다. 이것이 사무엘상 21장의 사건인지, 좀 더 후인 27장의 사건인지는 명확하지 않지만, 배경을 좀 더 자세히 살펴보면 다윗이 지금 골리앗의 고향으로 피했다는 것을 알 수 있습니다(삼상 17:4).

그런데 다윗이 어떤 사람입니까? 블레셋 민족의 영웅 골리앗과 블레셋 사람을 수없이 죽인 사람입니다(삼상 17:52-54). 얼마나 많은 사람을 죽였는지 모릅니다. 그런데 어제까지 원수였던 그 사람, 자신들의 형제를 죽이고, 자녀를 죽이고, 부모를 죽였던 그 사람이 갑자기 몸을 의탁해온 것입니다. 블레셋 사람들의 입장에서 곱게 보였을 리가 없습니다. 민족의 영웅 골리앗을 죽인 원수였으니까 말입니다.

그럼에도 다윗은 골리앗의 고향으로 피할 수밖에 없을 만큼 절박했습니다. 정말로 정말로 갈 데가 없었습니다. 다윗이 도망 다녔던 광야는 손바닥만 한 곳입니다. 끝없이 펼쳐지는 드넓은 광야가 아닙니다. 그런 곳을 사울이 이 잡듯이 뒤졌기에 더 이상 숨을 곳이 없어서 블레셋으로 도피할 수밖에 없었습니다. 광야에 있어도 죽고 블레셋에 가도 죽을 거면 일단 가보기로 한 것입니다. 사울에게 쫓기고, 쫓기고, 쫓기고, 쫓겨서 정말 마지막 선택을 한 것이라고 보면 됩니다.

생명을 보존하기 위해 다윗은 가드에서 미친 척을 해야 했습니다. 언제 들통나 죽임을 당할지 모르는 파리목숨과 같은 하루하루를 살고 있었습니다. 블레셋 사람들은 다윗의 작은 행동 하나, 흘리는 말 한마디까지 의심의 눈총으로 바라보고 있었습니다.

이런 상황에서 다윗의 마음이 어떠했겠습니까. 나아 갈 곳도 없고, 돌아갈 곳도 없고, 어디서도 환영받지 못합니다. 심지어 자신을 죽이려는 사람들도 있는 사면초가입니다. 이것이 시편 56편의 배경입니다.

다윗도 사람이 두려웠다

하나님이여 내게 은혜를 베푸소서
사람이 나를 삼키려고 종일 치며 압제하나이다
내 원수가 종일 나를 삼키려 하며
나를 교만하게 치는 자들이 많사오니

시 56:1-2

시편 56편의 주제는 '사람이 주는 두려움'입니다. 다윗은 사람이 주는 두려움 가운데 잠겨 있습니다. 여기서 말하는 '종일'은 "한시도 쉬지 않았다"는 뜻입니다. 그의 목숨을 앗아가려는 위협이 끊이지 않았다는 것입니다. 한 명이 자신을 죽이려고 해도 인생이 고달플 텐데, 수십 명이 다윗을 죽이려고 기회를 엿보고 있었으니 얼마나 고통스럽겠습니까.

우리의 삶을 고통스럽게 하는 이유 중 하나가 사람입니다. 환경이 우리를 힘들게 할 때도 있지만, 그 환경도 결국 대부분 사람이 조성합니다. 사람이 만들어 놓은 환경 때문에 고통스러운 것입니다.

그만큼 사람은 우리 마음에 기쁨을 주기도 하지만 반대로 큰 고통을 주기도 합니다. 특히 나를 삼키려고 종일 치는 사람, 나를 죽이려고 쫓아다니는 사람 한 명만 있어도 우리의 삶은 파괴될 것입니다.

그들이 종일 내 말을 곡해하며
나를 치는 그들의 모든 생각은 사악이라
그들이 내 생명을 엿보았던 것과 같이
또 모여 숨어 내 발자취를 지켜보나이다
시 56:5-6

종일 내 말을 곡해한다는 것은 다윗이 어떤 말을 해도 가드 사람들이 그 말을 곧이곧대로 믿지 않았다는 것입니다. 어떻게든지 나쁜 의미로 해석하고, 조금이라도 틈이 있으면 책잡고 헐뜯었습니다.

요즘도 흔하게 볼 수 있습니다. 선거가 다가오면 서로의 말을 트집을 잡고 곡해하고 난리가 납니다. 어떻게 보면 현대 사회의 특징이기도 합니다. 예전에는 전문 언론인들이 주로 활동했다면, 이제는 SNS, 유튜브 등을 통해 누구든 언론인이 되어 엄청난 파급력을 가지고 자신의 견해를 유통시킬 수 있는 시대가 되었습니다.

그로 인해 검증되지 않은 의혹과 왜곡과 곡해가 난무합니다. 그런 의미로 한 이야기가 아닌데 악의적으로 해석해서 퍼트리기도 하고, 조그만 말실수를 크게 침소봉대하기도 합니다. 저도 설교할 때 얼마나 조심스러운지 모릅니다. 작은 실수조차 어떻게 곡해될지 모르기 때문입니다. 그만큼 현대 사회는 왜곡과 곡해로 고통받고 있습니다.

다윗도 그 고통을 겪었습니다. 다윗 주변에 있는 사람들이 종일 다윗의 말을 곡해하고, 악의를 가지고 왜곡하고, 이상하게 퍼트리고 있습니다. 게다가 그들이 노리는 유일한 목적은 다윗의 목숨입니다. 다윗을 죽일 생각으로 그의 일거수일투족을 불꽃 같은 눈으로 지켜봅니다. 온종일 다윗을 책잡을 일, 그의 말실수, 그를 모함할 거리만을 생각하고 연구하고 있습니다. 그래서 다윗은 어디를 가도 쉴 수 없고, 말 한마디 하는 것도 굉장히 두려웠을 것입니다.

다윗의 고백입니다.

내가 두려워하는 날에는 내가 주를 의지하리이다
내가 하나님을 의지하고 그 말씀을 찬송하올지라
내가 하나님을 의지하였은즉 두려워하지 아니하리니
혈육을 가진 사람이 내게 어찌하리이까

시 56:3-4

내가 하나님을 의지하였은즉 두려워하지 아니하리니
사람이 내게 어찌하리이까

시 56:11

다윗의 마음은 원수들에 대한 두려움으로 가득했습니다. 정말 피가 마르지 않겠습니까? 다윗의 마음은 원수가 주는 고통으로 인해서 평강이 없었습니다. 기쁨도 없었습니다. 오직 두려움만이 가득했습니다.

사람이 주는 고통의 무게

우리도 살다보면 사람이 주는 고통, 사람이 주는 두려움을 겪을 때가 있습니다. 아니, 사실 그런 때가 아주 많습니다. 진심을 믿어주지 않는 사람, 말을 트집 잡고 책잡는 사람, 실패하고 망하기만을 기대하는 사람들을 만나게 됩니다.

나를 조소하고 비아냥거리는 사람, 내 말을 오해해서 자기 마음대로 해석해버리는 사람, 그 해석을 마치 사실인 것처럼 사방에 소문내는 사람, 마땅히 자기가 해야 할 일을 나에게 미루면서 오히려 뻔뻔하게 큰소리치는 사람, 자기 혼자 먹고살겠다고 잔인하게 다른 사람을 짓밟는 사람, 뒤통수치는 사람, 은혜를 원수로 갚는 사람, 그저 재미로 타인을 감당할 수 없는 고통에 밀어 넣는 사람까지 정말 끝도 없습니다.

그리고 우리는 살아오면서 적어도 한 번씩은 저런 사람들을 만났습니다. 많은 사람을 만나는 사람은 더 큰 고통을 겪습니다. 왜냐하면 사람을 만나면 그 사람으로부터 받게 되는 고통의 무게가 있기 마련이기 때문입니다. 그래서 열 명을 만나면 열 명만큼 고통스럽고, 백 명을 만나면 백 명만큼 고통스럽습니다. 저도 별의별 일을 다 겪어봤습니다. 주님께서 제 마음을 지켜주시지 않았다면 제 마음은 벌써 망가졌을 것입니다. 하나님을 떠난 사람은 서로에게 큰 두려움과 고통의 대상이 됩니다.

다윗을 더욱 괴롭게 했던 것은 그들의 공격이 일방적이었다는 것입니다. 사무엘상을 읽어보면, 훗날 두 번째로 가드로 도피했을 때도 다윗은 자신을 변호하거나 상황을 설명할 기회조차 제대로 얻지 못합니다. 다윗은 일방적으로 고통을 받았습니다.

이것이 사람을 더욱 답답하고 미치게 합니다. 소통이 되지 않고 일방적으로 억울한 일을 당하게 되면 사람은 더욱 비참해지고 그 마음이 망가지게 됩니다.

우리에게도 이런 억울함과 비참함이 있습니다. 더욱이 이런 일방적 곡해 현상은 현대 초미디어 사회의 중요한 특징이기도 합니다. 미디어를 통해서 퍼트려버리면 확인도 하지 않고 그냥 진리가 되어버립니다. 어떻게 설명할 수도 없습니다. 이것이 많은 사람을 절망과 자살로 몰아넣기도 하는 악한 현실입니다.

다윗도 동일한 상황 속에 있었습니다. 너무 억울하지만, 그 어떤 설명이나 변명이 불가능했습니다. 그럼에도 불구하고 다윗의 마음은 완전히 무너지지 않았고 오히려 기쁨과 평강을 누릴 수 있었습니다. 이제 그 비결을 살펴봅시다.

하나님께서 다 아신다

억울함 속에서 다윗의 영성의 핵심이 빛을 발하기 시작합니다. 먼저 그는 자신의 고통과 두려움을 하나님 앞에 가지고 나가서 하나님께 쏟아놓았습니다.

나의 유리함을 주께서 계수하셨사오니
나의 눈물을 주의 병에 담으소서
이것이 주의 책에 기록되지 아니하였나이까
시 56:8

여기서 말하는 '유리함'은 어디 하나 마음 둘 곳도 없고, 갈 데도 없다는 불안함을 의미합니다. 잠깐이라도 마음을 붙이고 쉬었으면 좋겠는데 그럴 수 없다는 것입니다. 정착할 곳 없는 불안함, 머리 둘 곳 없는 불안함 속에서 다윗은 자신의 모든 고통과 두려움을 하나님께서 아신다고 믿고 고백하고 있습니다. 이것이 다윗 영성의 핵심이었습니다.

더 이상 내가 갈 곳이 없다는 것을 하나님이 아시고, 억울한 일을 당하는 것도 하나님이 아시고, 원수들이 종일 자신을 곡해해서 정말 미치게 한다는 것도 하나님이 아시기에 마음 둘 곳 없어 펑펑 울었던 그 눈물을 하나님이 병에다 담고 계신다는 것입니다.

저와 여러분의 고통도 하나님이 알고 계십니다. 저와 여러분의 유리함도 하나님이 계수하시고, 저와 여러분의 눈물도 하나님이 병에 담고 계십니다. 그분이 우리 하나님이십니다. 이것이 다윗의 마음을 위로했던 큰 힘이었습니다.

사실 누군가 내 억울함을 알고 있다는 사실 하나만으로도 위로가 됩니다. 사람들이 다 나의 뜻을 곡해하고, 내가 한 말을 이상하게 생각하더라도 딱 한 사람이 나의 억울함을 알아주면 그것이 얼마나 큰 위로가 되는지 모릅니다. 하나님이 바로 그분이십니다.

하나님의 지지하심

우리는 누군가 나의 마음을 알아주고 지지해줄 때 기쁨을 느낍니다. 교회라는 영적 공동체가 바로 그런 곳입니다. 잘못한 것에 대해서 지적도 해야겠지만, 지적이 한두 개라면 열 가지 위로와 지지해주는 말이 있어야 합니다. "나는 그래도 네 편이야", "그렇지, 네 마음이 얼마나 힘들겠니!" 이런 말을 들을 때 우리 안에 다시 일어날 수 있는 힘이 생깁니다. 하나님도 우리에게 그렇게 하십니다. 나의 모든 억울함을 알고 계시고, 나의 모든 눈물을 기억하고 계시고, 나의 모든 고통을 함께 감당하고 계십니다.

다시 말하지만, 우리가 억울하고 고통스러울 때 가장 큰 위로와 힘이 되는 것은 지지해주는 것입니다. 특별히 도와주지 않아도, 이해하고 지지해주는 것만으로도 말할 수 없는 위로와 용기를 얻습니다. 나를 괴롭히는 사람을 향해 같이 화내주는 사람 한 명만 있어도 정말 큰 위로가 됩니다. 다윗에게는 하나님이 바로 그런 분이셨습니다. 하나님의 지지가 다윗의 고통과 두려움을 기쁨으로 바꾸었습니다.

분명 다윗은 고통과 두려움을 가지고 하나님 앞에 나아갔습니다. 하나님 앞에 나갔을 때 하나님께서 자신의 모든 고통과 눈물을 알고 계신다는 사실을 보게 되었고, 그 사실이 그의 내면을 치유하는 능력이자 다시 일어날 수 있는 힘이 되었습니다.

우리 내면의 슬픔, 억울함, 고통, 우울, 답답함을 가지고 하나님 앞에 나아갈 때 하나님으로부터 위로와 격려가 내려온다는 것이 시편 56편이 전해주는 다윗 신앙의 첫 번째 핵심입니다.

그런데 이 위로는 하나님 앞에 나아가야만 받을 수 있습니다. 머리로 이해할 수 있는 것이 아닙니다. 고린도전서 2장 10절은 "오직 하나님이 성령으로 이것을 우리에게 보이셨으니 성령은 모든 것 곧 하나님의 깊은 것까지도 통달하시느니라"라고 말하고 있습니다. 성령님만이 하나님 마음의 깊은 곳을 아신다는 것입니다. 즉 하나님의 위로와 지지를 경험하기 위해서는 우리가 하나님 앞에 나가야 하는 것입니다.

하나님은 내 편이시다

하나님으로부터 오는 위로와 치유는 "내가 너의 고통을 알고 있다"는 음성입니다.

> 내가 아뢰는 날에 내 원수들이 물러가리니
> 이것으로 하나님이 내 편이심을 내가 아나이다
> 시 56:9

하나님 앞에 나아가 자신의 원통함을 아뢰는 날에, 원

수들의 악함을 아뢰는 날에, 자신의 답답함을 아뢰는 날에, 자신의 억울함을 아뢰는 날에, 어디 갈 곳 없는 처량함을 아뢰는 날에 하나님이 내 편이심을 알았다는 것이 다윗 영성의 두 번째 핵심입니다.

사실 타락한 세상에서 타락한 사람들과 더불어 살아가면서 마음이 망가지지 않는 것은 불가능한 일입니다. 사람과 관계를 맺고 깊이 알아갈수록 상처는 더 깊어져 갑니다.

하나님께서 기적적으로 맺어주신 관계가 아니면 아무리 부부라도 부부관계 안에서 엄청난 상처를 주고받습니다. 사람이 얼마나 악한지 그 끝판을 보게 되는 것이 부부관계이기도 합니다. 겉으로는 괜찮은 사람처럼 보이는 사람도 그 속은 이상한 사람일 수가 있습니다. 그런데 내 남편만 이상한 게 아니라 모든 남편이 다 그렇게 이상합니다. 내 아내만 이상한 게 아니라 모든 아내가 다 이상합니다. 왜냐하면 인간은 망가졌기 때문입니다. 그래서 사람과 관계를 맺는 이상 우리 마음은 망가질 수밖에 없습니다. 그리고 이 망가진 것들이 우리의 마음을 우울하게 하고 병들게 합니다.

이렇게 망가진 관계에서 보호받을 수 있는 길이 있습니

다. 바로 여호와 하나님께 두려움과 고통을 매일매일 아뢰는 것입니다. 사람이 주는 두려움과 고통을 끌어안고 끙끙 앓으며 마음이 망가지거나 그 상처를 다른 사람에게 쏟아부어 또 다른 사람에게 상처를 주는 대신 하나님 앞에 아뢰는 것입니다. 매일매일 하나님 앞에 가서 쏟아놓는 것입니다.

그렇게 될 때 하나님이 나의 유리함을 계수하시고, 나의 눈물을 병에 담으십니다. 그리고 하나님이 내 편이신 것을 알게 됩니다. 이것이 하나님께 아뢰는 날의 능력입니다. 하나님께 아뢰러 나아갈 때 하나님이 지금 나에 대해서 무엇을 느끼고 계시는지, 나를 어떻게 생각하시는지를 성령님께서 우리에게 말씀해주십니다.

원수의 땅 블레셋에서도, 생명의 위협을 당하는 상황 속에서도 다윗이 기쁨과 평강을 잃지 않았던 비결이 여기에 있습니다. 다윗은 하나님 앞에 나아가 고통을 아뢰고 하나님의 마음과 음성을 받았습니다. 하나님이 내 편이라는 성령님의 음성이 다윗의 마음에 전달되었을 때 다윗은 비로소 사람이 주는 두려움과 억울함에서 벗어나 평강을 누리게 되었습니다.

사람이 내게 어찌하리이까

하나님 앞에 아뢰는 날, 성령의 음성이 부어지자 다윗 안에 믿음이 일어납니다. 그러자 다윗은 사람이 아니라 하나님을 의지하고, 상황이 바뀔 것을 기대하는 것이 아니라 하나님을 의지하기 시작합니다.

"하나님이 나를 지키시고, 하나님이 나의 반석이시고, 주가 나의 피난처이고, 주가 나의 요새이다!" 다윗이 하나님께 피했을 때 두려움이 사라지고 "사람은 내 옷깃 하나 건드리지 못한다", "하나님은 나를 완전하게 지키신다", 그래서 "사람이 내게 어찌하리이까"라는 믿음의 고백이 나오게 됩니다.

다윗 영성의 핵심은 주께 피하는 것이고 하나님을 의지하는 것입니다. 여러분 안에도 "내가 하나님을 의지하오니 사람이 내게 어찌하리이까? 원수가 어찌하리이까? 상황이 어찌하리이까?"라는 믿음이 역사하기를 축복합니다. 이런 믿음과 고백은 여호와께 내 고통을 아뢰는 날에 임합니다.

내가 두려워하는 날에는 내가 주를 의지하리이다

내가 하나님을 의지하고 그 말씀을 찬송하올지라
내가 하나님을 의지하였은즉 두려워하지 아니하리니
혈육을 가진 사람이 내게 어찌하리이까

시 56:3-4

다윗은 후반부에서도 동일한 고백을 합니다.

내가 하나님을 의지하여 그의 말씀을 찬송하며
여호와를 의지하여 그의 말씀을 찬송하리이다
내가 하나님을 의지하였은즉 두려워하지 아니하리니
사람이 내게 어찌하리이까

시 56:10-11

그런데 전반부의 고백과 후반부의 고백을 찬찬히 살펴보면 두 고백이 조금 다르다는 것을 알 수 있습니다. 3,4절의 고백은 믿음의 선포로 여전히 두려움과 슬픔, 억울함 가운데서 올리는 고백입니다. 5절을 읽어보면 알 수 있습니다.

그들이 종일 내 말을 곡해하며
나를 치는 그들의 모든 생각은 사악이라
시 56:5

여전히 원수들은 다윗을 죽이려 하고, 삼키려 하며, 그를 치려는 자들이 많다고 합니다. 즉 하나님의 말씀을 의지하고 믿음을 고백하면서도 여전히 두려움과 원수들에 대한 억울함을 호소합니다. 아직 믿음으로 평안이 임한 상태가 아닙니다. 확신 가운데 한 고백이라기보다는 그냥 두려워서 하는 고백인 것입니다.

그런데 사실 처음에는 그렇게 시작하는 것이 맞습니다. 믿음으로 고백할 때 성령께서 역사하시기 때문입니다. 그래서 두 번째 고백인 10,11절에서는 원수들에 대한 언급이 하나도 없습니다. 온전히 여호와 하나님을 찬송하고 찬양합니다. "여호와께서 내 편이심을 내가 아나이다. 내가 주께 서원한 대로 감사제를 드리니"라며 믿음을 가지고 선포합니다. 바울은 이것을 믿음으로 믿음에 이른다(롬 1:17)라고 했습니다.

우리도 무엇인가를 기도하고 선포할 때 처음부터 확신을 가지고 선포하는 경우는 거의 없습니다. 우리 입술에 권세가 있고, 우리가 기도하기 시작할 때 성령께서 우리 마음 가운데 믿음을 주시기에 아직 일어난 일이 아니고, 아직 불안하고, 아직 완성된 일이 아니고, 아직 완전한 평안 가운데 있지 않고, 여전히 의심이 있고, 두려움이 있고, 불안함이 있어도 입을 열어 선포하는 것입니다. 그때 믿음의 역사가 일어납니다.

성령께서 내 안에 믿음을 불어 넣으시면 그때부터는 원수가 아니라 하나님이 보이도록 하십니다. 원수가 아니라 하나님이 보입니다. 처음 믿음으로 고백할 때는 여전히 사람들의 위협, 저들의 칼, 공격, 곡해, 원통함이 보이지만, 성령께서 깊은 기도 가운데 역사하기 시작하면 오직 하나님만 보이기 시작합니다. 그러면 안에서 진정한 믿음의 고백이 나옵니다. 진짜 믿음으로 인한 큰 평강이 우리 안에 역사하기 시작하는 것입니다.

기도는 처음부터 완전하게 드려지는 것이 아닙니다. 처음에는 정말 믿음으로 하는 것입니다. 여전히 불안하고,

해결이 안 되고, 억울함과 원통함이 그대로 있지만, 일단 믿음으로 선포하는 것입니다.

처음에는 "여호와 하나님은 내 편이십니다"라고 선포하면서도 긴가민가합니다. "여호와 하나님께서 이루실 것입니다." '그런데 정말 이루실까?', "여호와 하나님이 나와 함께하십니다." '지금도 느껴지지 않는데 정말 그럴까?', "여호와 하나님께서 나를 구원하십니다." '내일 일도 모르겠는데 정말 구원하실까?' 이렇게 의심이 들기도 하지만 그러면서도 기도하는 것입니다.

저는 이 선포의 기도가 아주 중요하다고 믿습니다. "우리 하나님이 나와 함께하십니다! 나의 모든 것을 아십니다! 우리 하나님이 구원하실 것입니다! 우리 하나님이 이루실 것입니다! 우리 하나님이 이 나라를 새롭게 하실 것입니다! 이 나라의 모든 악을 무너뜨릴 것입니다!"라고 선포하며 기도하시기를 바랍니다.

사실 우리 마음 가운데 아직 평안은 없습니다. 지금 돌아가는 상황을 보면 절대 이루어지지 않을 것 같습니다. 그래도 믿음으로 선포하는 것입니다. 이것은 허황된 믿음이 아닙니다. 하나님이 하셔야 할 일들입니다. 하나님이

하시고자 하는 일과 부합되는 일들입니다. 죄짓는 일이 아니고 부끄러운 일이 아니면 그냥 믿음으로 선포하는 것입니다. 그럴 때 어느 순간 하나님께서 우리 안에 변화를 일으키십니다. 그렇게 해서 깊은 기도로 들어가는 것입니다.

만약 기도할 때 처음부터 집중하기 어렵고, 오만가지 생각이 머릿속을 왔다 갔다 하면 방언으로 기도하기를 추천합니다. 방언으로 기도하면 어느 순간에 변화가 일어나면서 모든 상황이 온데간데없이 아침 안개처럼 사라져버리고 하나님이 보이기 시작합니다.

그다음에 믿음의 선포가 나오고 예배와 찬양이 나오는 것입니다. 이것은 전혀 다른 차원에서 일어납니다. 나의 믿음의 고백인 것을 내 영이 인지하게 되고, 믿음의 고백이 그대로 이루어질 것이라는 믿음이 내 안에서 역사하게 됩니다.

믿음으로 선포합시다. 내 마음 가운데 아직 확신이 없고, 아직 두려움이 있다면 더욱 믿음으로 선포하면서 기도합시다. 아직 해결되지 않은 문제도 괜찮습니다. 믿음으로 선포하십시오. 질병? 믿음으로 선포합시다. 두려움? 믿음으로 선포합시다. 하나님이 우리의 편이십니다. 하나님께서 우리 마음을 변화시키실 것입니다.

원수가 아니라 하나님이 보인다

다윗이 하나님 앞에 나아가 아뢰는 날에 다윗의 믿음이 믿음에 이르게 되었습니다. 두려움 속에서 믿음으로 선포하던 것을 이제는 확신과 평안 가운데 믿음으로 고백하게 되었습니다. 더 이상 원수들이 보이지 않습니다. 하나님이 보이기 시작합니다. 이것이 다윗 신앙의 핵심입니다. 원수가 아니라 하나님이 보이는 것입니다.

처음에는 원수들만 보였는데 '주 앞에 나아가 아뢰는 날'에 변화가 일어났습니다. 반전이 일어났습니다. 성령께서 다윗의 눈과 귀를 여시기 시작하자 원수들의 모습은 온데간데없이 사라지고 하나님이 보이기 시작했습니다. 나를 지키시는 분, 내 편에 서신 분, 나를 지지하시고, 계수하시는 분이 보이기 시작한 것입니다.

그때 다윗의 기도가 바뀌기 시작합니다. 다윗의 입에서 찬송과 감사가 나오기 시작합니다.

> 내가 하나님을 의지하여 그의 말씀을 찬송하며
> 여호와를 의지하여 그의 말씀을 찬송하리이다
> 시 56:10

하나님이여 내가 주께 서원함이 있사온즉
내가 감사제를 주께 드리리니

시 56:12

하나님이 나를 아시고, 하나님이 나의 눈물을 담으시며, 하나님이 내 편이시라는 성령의 음성을 들을 때 이제 다윗의 눈은 자신을 둘러싸고 있는 원수들과 험난한 상황이 아닌 하늘의 하나님을 보기 시작합니다.

드디어 다윗의 입술에서 간구 대신 찬송이 터져 나옵니다. "내가 그의 말씀을 찬송하며, 여호와를 의지하여 그의 말씀을 찬송하리이다!" 찬송과 예배가 드려지기 시작합니다. 이것이 다윗의 내면을 기쁨과 평강으로 채운 비결이었습니다.

다윗은 갚을 수 없는 은혜를 받고 감격하고 또 감격합니다. 그래서 하나님께 감사제를 드리고 서원을 갚기 시작합니다. 사실 지금의 상황이 서원 갚을 생각을 할 때는 아닙니다. 그런데 원수들이 자신을 죽이려고 호시탐탐 노리고 있는데도 다윗은 하나님께 서원을 갚을 생각만 하고 감사의 제사를 드립니다. 이처럼 원수가 아니라 하나님만 보이는 것이 다윗 신앙의 핵심입니다.

원수가 크게 보이는 사람은 두려움 속에 살고, 하나님이 크게 보이는 사람은 평강 가운데 삽니다. 여러분에게는 누가 크게 보입니까? 주 앞에 나아가 아뢰는 날에 하나님께서 여러분이 보는 것을 바꾸실 것입니다.

내가 주께 아뢰는 날에

주께서 내 생명을 사망에서 건지셨음이라
주께서 나로 하나님 앞, 생명의 빛에 다니게 하시려고
실족하지 아니하게 하지 아니하셨나이까

시 56:13

이제 다윗은 "주께서 내 생명을 사망에서 건지셨다"라고 고백합니다. 사실 아직 건지시지는 않았습니다. 상황은 아직 해결되지 않았습니다. 아직 원수들이 멀쩡하게 살아있습니다. 그럼에도 불구하고 다윗은 이미 모든 것이 다 해결된 것처럼 고백합니다.

이것이 믿음입니다. 다윗 신앙의 핵심은 믿음으로 하나

님의 구원이 이미 이루어진 것처럼 믿고 고백하는 것입니다.

"하나님이 나를 사망에서 건지셨습니다! 이미 건지셨습니다! 비록 원수들이 내 앞에 있고, 비록 내가 사망의 음침한 골짜기로 다닐지라도 하나님께서는 나를 이미 건지셨습니다! 생명의 빛에 다니게 하십니다! 실족하지 않게 하십니다! 할렐루야!" 이것이 다윗의 신앙이었습니다.

우리 안에 다윗의 이 믿음이 충만하기를 기대합니다. 여러분은 주께 아뢰는 날이 있으십니까? 주께 아뢸 때 성령께서 하나님의 마음을 부으실 것입니다. "내가 너를 안다! 너의 유리함을 계수하고 있고, 너의 눈물을 병에 담고 있다! 나는 네 편이다! 원수 편이 아니라 네 편이다!" 이 음성을 들려주실 것입니다!

그때 우리의 두려움이 바뀌어 평강이 되고, 우리의 불안함이 바뀌어 믿음이 될 것입니다. 우리 호소와 간구가 예배가 되고, 우리의 하소연은 감사와 찬송이 될 것입니다. 우리 눈에 원수는 사라지고 하나님만 보이게 될 것입니다. 다윗의 영성이 여러분에게도 충만하기를 축복합니다.

03

내가 지존하신 하나님께 부르짖음이여

시편 57편

시편 57편 역시 다윗의 믹담, 황금의 시로 알려져 있는 여섯 편의 시편 중 하나입니다. 시편 57편은 사무엘상 22장부터 24장을 배경으로 하고 있는 듯 보입니다. 블레셋 가드 땅 역시 안전하지 못하다는 것을 확인한 다윗은 그곳을 떠나 아둘람 굴로 도망하여 숨습니다. 사울 왕과의 숨바꼭질이 다시 시작된 것입니다! 쫓기고 또 쫓겨 마지막으로 피했던 곳이 블레셋 가드 땅임을 생각하면 아둘람 굴에서 사울의 위협을 피하기는 정말 쉽지 않았을 것입니다.

단 한 가지의 위로

이러한 다윗의 절박하고 비참한 상황을 이해하고 시편을 보면 지금 그가 어떤 심정으로 노래하고 있는지, 어떤 상황에 처해 있는지 알 수 있습니다. 다음은 그것을 잘 보여주는 말씀입니다.

그가 하늘에서 보내사
나를 삼키려는 자의 비방에서 나를 구원하실지라
내 영혼이 사자들 가운데에서 살며
내가 불사르는 자들 중에 누웠으니
곧 사람의 아들들 중에라
그들의 이는 창과 화살이요
그들의 혀는 날카로운 칼 같도다
그들이 내 걸음을 막으려고 그물을 준비하였으니
내 영혼이 억울하도다
그들이 내 앞에 웅덩이를 팠으나
자기들이 그 중에 빠졌도다

시 57:3-4,6

사방에서 자신을 삼키려 하고, 사자들 가운데 있고, 불 가운데 누워 있는 것 같고, 사람들의 말이 창과 칼 같다고 합니다. 말뿐만이 아니라 실제로 다윗을 넘어트리기 위해 그물을 준비하고, 웅덩이를 팠습니다. 다윗에게 쉼과 안

식은 사치였습니다. 하루하루가 전쟁이고, 매시간 살아 남기 위해 사투를 해야 했습니다.

시편 57편은 그런 상황에서도 다윗이 평강과 기쁨을 누릴 수 있었던 비결을 알려주고 있습니다. 절대 평강을 누릴 수 없고 절대 기쁠 수 없는 상황, 사람이 처할 수 있는 가장 고통스럽고 불안한 상황, 절대 안식할 수도 없는 상황에서 다윗이 노래하는 평강과 기쁨이 오늘날 우리가 흠모하게 되는 놀라운 다윗 신앙의 핵심입니다.

인생을 살다보면 더 이상 갈 데가 없고, 벼랑 끝까지 몰렸다고 느끼게 되는 순간들이 있는데, 그럴 때 한 가지만 위로로 삼으시면 좋겠습니다. 바로 여러분만 그런 게 아니라는 것입니다. 다윗도 그랬습니다. 하나님을 떠난 인간은 다 그런 순간들을 겪습니다.

모든 기도의 종착점

하나님을 떠난 인간의 마음의 디폴트(default)는 쉼이 없는 고통입니다. 겉으로는 멀쩡해 보여도 사실 다 힘듭니다. 모양만 다르지 다른 종류의 고민과 우울감을 가지고 있습니다. 결국 하나님을 떠난 인간은 하나님께서 그 마음을 지키시고 평강을 주시지 않으면 고통을 느낄 수밖에 없습니다.

그런 가운데 다윗의 기도가 이렇게 시작됩니다.

하나님이여 내게 은혜를 베푸소서
내게 은혜를 베푸소서
내 영혼이 주께로 피하되
주의 날개 그늘 아래에서
이 재앙들이 지나기까지 피하리이다
시 57:1

시편 57편도 앞서 살펴본 시편 16편, 56편과 동일하게 시작합니다. 바로 여호와께로 피한다는 것입니다. 다윗의 영성의 핵심은 뭐니 뭐니 해도 여호와께 피하는 것입니다. 환난 가운데 여호와께 피하고 여호와를 의지하는 것입니다.

사실 다윗도 처음부터 완전하지는 않았습니다. 시편 56편에서 다윗이 주께 아뢰었다면, 57편에서는 부르짖습니다. 그리고 불안과 염려와 고통 가운데 여호와께 피하는 것으로부터 시작한 기도가 점점 발전해 가더니 예배로 바뀌어 갑니다. 다윗에게 더 이상 불안, 두려움, 염려의 흔적이 느껴지지 않습니다. 오히려 완전한 기쁨과 완전한 평강의 노래를 하고 있습니다.

저는 이것이 기도의 종착점이라고 믿습니다. 결국 모든 기도의 종착점은 하나님을 향한 예배로 바뀌어 하나님께서 주시는 완전한 평강 가운데로 들어가는 것입니다.

주의 날개 그늘 아래

다윗은 하나님께 "내게 은혜를 베푸소서 내게 은혜를 베푸소서 내 영혼이 주께로 피하되 주의 날개 그늘 아래에서 이 재앙들이 지나기까지 피하리이다"라고 고백합니다. 재앙의 포화가 쏟아지는 한가운데서, 하루하루가 전쟁이고 매시간 사투를 벌여야 하는 살 떨리는 인생 한복판에서 여호와 하나님이 날개 그늘이 되어주신다고 고백하는 것입니다.

여기서 말하는 '날개 그늘'은 "안식"을 의미합니다. 폭풍이 마구 몰아치는 상황에서도 어미 새의 날개 그늘 아래에 있는 아기 새는 폭풍과 전혀 관계없이 따뜻함과 아늑함을 느낍니다. 날개 그늘 밖은 엄청난 폭풍우가 몰아치고 있지만, 어미 새의 품 안은 아무 염려가 없고 아늑하고 추위와 비바람을 조금도 두려워하지 않는 완전한 평강을 누릴 수 있는 곳입니다.

다윗에게 그 '날개 그늘'은 여호와 하나님밖에 없었습니다. 그분이 다윗의 유일한 소망이셨습니다. 하나님은 다윗을 아늑하고 따뜻하게 품어주셨습니다.

그런데 '하나님께 피한다'는 것은 내가 의지할 만한 것들이 전부 무너진 상태를 의미합니다. 사람은 잡을 만한 것이 지푸라기라도 있으면 그것을 잡지 하나님을 의지하지 않습니다. 그래서 여호와께 피하고 여호와의 날개 그늘 아래에서 포근함을 맛보는 사람은 모든 것이 무너진 사람입니다. 내 안에 있는 강한 영이 무너지고 연약하고 애통해하는 영이 역사하는 사람을 말하는 것입니다.

다윗이 지금 정확히 그런 상황입니다. 그전에는 어떻게 해볼 만한 것들이 있었을지 모릅니다. 사울이 동쪽으로 치고 들어오면 서쪽으로 돌아서 북쪽으로 도망가자는 전략도 세우고, 자신에게도 사람들이 있으니 사울의 군대가 흩어지거나 약해지면 한번 싸워볼 계획을 세울 수도 있었습니다. 하지만 이제는 정말로 할 수 있는 것이 없습니다. 이렇게 완전히 끝났을 때 하나님의 은혜를 간구하게 됩니다. 그리고 그때 하나님의 구원의 역사를 경험하게 됩니다.

만약 지금 내가 의지하던 힘도 전략도 지혜도 아무 소용이 없어졌다면, 무슨 짓을 해도 방법이 없다면, 왼쪽을 돌아봐도 오른쪽을 돌아봐도 솟아날 구멍이 보이지 않는다면, 하나님께 은혜를 구하고 주의 날개 그늘 아래에 거하게 해달라고 간구하십시오. 자신의 힘으로 해봤자 결국 실패할 뿐입니다. 유일한 소망인 하나님의 은혜가 필요합니다.

다른 옵션이 없을 때의 기도

다윗의 기도의 특징 중 하나는 '부르짖음'입니다.

내가 지존하신 하나님께 부르짖음이여
곧 나를 위하여 모든 것을 이루시는 하나님께로다
시 57:2

부르짖는 기도에는 비밀이 있습니다. 부르짖을 때 하나

님께서 응답하십니다.

> 일을 행하시는 여호와,
> 그것을 만들며 성취하시는 여호와,
> 그의 이름을 여호와라 하는 이가 이와 같이 이르시도다
> 너는 내게 부르짖으라 내가 네게 응답하겠고
> 네가 알지 못하는 크고 은밀한 일을 네게 보이리라
> 렘 33:2-3

예레미야는 부르짖을 때 하나님께서 일을 행하시고 그 일을 만들어서 성취하신다고 고백했습니다. 하나님은 그저 멀리서 바라만 보시는 분이 아니라 일을 행하시는 분입니다. 부르짖음은 하나님을 움직이시게 합니다.

그렇다면 부르짖는다는 것은 구체적으로 무엇을 말하는 것일까요? 단지 소리를 크게 내는 것을 의미하는 것이 아닙니다. 두 단어로 부르짖음을 표현할 수 있는데, 바로 '간절함'과 '믿음'입니다.

사람은 다른 옵션이 있으면 부르짖어 기도하지 않습니다. 다른 옵션이 있는 사람에게는 간절함이 묻어나지 않

습니다. 그들의 기도에는 힘이 없고, 조용하며, 끈질기지도 절박하지도 않습니다. 하나님 외에 다른 옵션이 있다고 생각하기 때문입니다.

그러나 다른 옵션이 없는 사람, 여호와 하나님 말고는 다른 방법이 없는 사람의 기도는 다릅니다. 그들의 기도에는 간절함이 배어 있고 생명을 건 비장함이 있습니다.

간절히 기도한다는 것은 정성을 다해서 기도한다거나 크게 기도한다는 뜻이 아니라 하나님 외에는 다른 길이 없다고 믿는다는 것입니다. 하나님 외에는 다른 옵션이 없다는 것을 깨달은 기도입니다.

간절한 기도를 드리는 사람

지금 다윗의 상황이 그렇습니다. 할 수 있는 것을 다 해봤는데 안 되고, 작전도 아무 소용이 없습니다. 최후의 선택이었던 블레셋 도피마저 여의치 않아서 다시 도망 나와 굴속에 숨어 지내는 상황입니다. 하나님 외에 다른 옵션이 없었습니다. 죽어도 거기서 죽어야 하고, 살아도 거기서 살아야 하고, 다른 꾀나 전략을 낼 것도 없습니다. 정말 인생의 마지막까지 온 것입니다. 그런 순간이 오자 다윗의 기도에서 간절함이 묻어나오기 시작합니다.

간절한 기도를 드리는 사람을 보면 항상 똑같은 특징이 있습니다. 그들에게 다른 옵션이 없다는 것입니다. 하나님을 향해서 정말 간절히 부르짖으며 기도합니다. 하나님이 아니면 문제를 해결할 방법이 없기 때문입니다.

이와 반대로 다른 옵션이 있는 사람은 간절하게 기도하지 않습니다. 크리스천이니까 하나님이 도와주시기를 바라며 기도는 하지만, 마음 한구석에 다른 옵션을 생각하기 때문에 절대로 간절히 기도하지 않습니다. 기도하는 소리도 절박하지 않고, 부르짖지도 않고, 어느 정도 기도했다는 생각이 들면 집으로 돌아갑니다. 그런 사람에게는 하나님을 향한 간절함을 찾을 수 없습니다. 결국 '부르짖는 기도'는 여호와께만 피하는 자가 갖게 되는 특징입니다.

믿음으로 부르짖는 기도

부르짖는 기도의 두 번째 특징은 '믿음'입니다. 부르짖는 기도는 믿음을 가지고 선포하는 것입니다. 절박함을 넘어서 하나님께서 분명히 일하실 것이라는 믿음을 가지고 기도하는 것입니다.

예레미야 선지자는 "일을 행하시는 여호와, 그것을 만들며 성취하시는 여호와, 그의 이름을 여호와라 하는 이"(렘 33:2)께 부르짖으라고 말씀합니다. 여호와께서 일을 행하시고 반드시 이루실 것이라는 믿음으로 부르짖어 기도하라는 것입니다. 즉 부르짖는 기도는 믿음으로 선포하는 것입니다. 하나님께서 분명히 일하실 것을 믿는 믿음의 선포가 부르짖음입니다.

믿음의 확신이 있을 때는 우리 목소리가 단호하고 우렁찹니다. 그런데 믿음이 없으면 소리가 자신이 없고 흐끄무레합니다. 주님이 해주시기를 바라고 원하고 기대하고 소망하지만 아니면 어쩔 수 없다는 자세가 나옵니다.

믿음이 없을 때 나오는 기도는 소리만 들어도 그 사람의 내면이 보입니다. 예를 들어서 믿음이 있는 사람은 "예, 주님, 제가 그 일을 하겠습니다!" 이렇게 기도하는데, 믿음이 없는 사람은 "주님, 그 일을 하도록 도와주십시오"라고 기도합니다. 결국 안 하겠다는 뜻입니다. '주님이 하도록 도와주면 할게요, 아니면 말고요'라는 말과 뭐가 다릅니까.

기도 소리에는 우리의 믿음이 저절로 반영됩니다. 그래

서 부르짖는 기도는 단호합니다. "예, 주님이 일하십니다. 예, 주님이 구원하십니다. 예, 주님께서 우리를 긍휼히 여기십니다." 이렇게 말입니다.

"주님, 긍휼히 여겨주십시오." 이 기도는 아직 부르짖는 기도가 아닙니다. 소리는 클 수 있지만, 믿음이 없이 단순하게 부르짖는 것은 믿음의 확신을 가지고 선포하는 것과는 엄연히 다릅니다.

주님께서 반드시 일하시고 이루신다는 믿음의 단호함을 내포하는 것이 부르짖는 기도입니다. 다른 여지를 두지 않고 세상을 향해서, 원수를 향해서, "봐라! 주님께서 분명히 이루신다!"라고 단호하게 선포하는 것이 부르짖음입니다.

이제는 부르짖을 때이다

시편 57편이 전하는 다윗 영성의 핵심은 여호와께 부르짖는 것입니다. 절박함 속에서 다윗은 생명을 걸었고 반드시 여호와께서 일하실 것을 믿었습니다. 그때 하나님께서 응답하십니다.

곧 나를 위하여 모든 것을 이루시는 하나님께로다

시 57:2

부르짖는 기도를 통해서 다윗은 "하나님께서 나를 위해 모든 것을 이루신다"라는 응답을 받게 됩니다.

우리도 지금 부르짖는 기도를 할 수밖에 없습니다. 그래서 오히려 소망이 있다고 믿습니다. 하나님 외에는 소망이 없고, 더 이상 다른 옵션은 없다고 부르짖어 기도해 보는 것입니다.

나라와 민족도, 교회도, 개인의 문제도, 가정도, 질병도, 건강도 우리에게는 하나님 외에 소망이 없습니다. 다윗도 암울한 상황이 주는 절박함 속에서 부르짖었습니다. 다른 옵션은 생각할 수도 없는 상황, 피할 수 있을 때까지 피해 보고, 도망 다닐 수 있을 때까지 도망 다녀 보았지만 뾰족한 수가 없는 이 절박한 상황이 결국 다윗을 부르짖게 했고, 하나님께 예배를 드릴 수 있게 한 것입니다.

우리도 지금 부르짖는 기도로 주님 앞에 나가야 합니다. 지금 이 나라를 구할 수 있는 길은 부르짖는 기도밖에는 없습니다. 한국 교회와 우리를 구원할 수 있는 것은 부르짖는 기도밖에 없습니다. 이 사실을 깨닫고 확실한 믿음을 가지고 하나님께 부르짖기를 간절히 소망합니다.

04

내 영혼이 새벽을 깨우리로다

시편 57편

3장에서 말했지만, 시편 57편은 다윗의 믹담, 황금의 시로 알려진 여섯 편의 시편 중 하나로 다윗이 사울을 피해 굴로 숨었을 때를 배경으로 하고 있습니다. 앞이 보이지 않는 절박한 상황 가운데 쓰여진 시편이 시편 56편과 57편입니다.

시편 57편이 말해주는 다윗 영성의 첫 번째 핵심은 여호와께 피하는 것이었습니다. 다윗은 끊임없이 여호와께 피합니다. 그에게는 세상 어떤 방법으로도 해결할 수 없는 문제를 하나님은 해결하실 수 있다는 확고한 믿음이 있었습니다. 사람이 아니라 하나님만이 나를 구원하실 수 있고, 하나님만이 나의 문제를 해결하실 수 있다는 확고한 믿음이 다윗의 신앙의 첫 번째 비결이고 핵심입니다.

두 번째 비결은 부르짖는 기도입니다. 다윗은 여호와께 부르짖습니다. 단순하게 큰 소리를 지르는 부르짖음이 아니라 더 이상 다른 선택이 없는 데서 나오는 간절한 기도였습니다.

다른 선택지를 품고 있는 사람에게서는 절대로 간절한 기도가 나오지 않습니다. 풍선을 불 때 풍선에 구멍이 있으면 아무리 불어도 풍선이 커지지 않고 그대로인 것처럼 간절함은 다른 선택지가 없을 때만 나옵니다. 다윗의 부르짖는 기도에는 그 간절함이 담겨 있었습니다. 하나님이 반드시 자신의 문제를 해결하신다는 확고한 믿음이 있었습니다.

나를 위해 모든 것을 이루시는 하나님

시편 57편이 전해주는 다윗 영성의 세 번째 핵심은 하나님이 나를 위해서 모든 것을 이루신다는 믿음과 하나님이 나를 중심으로 모든 것을 이루신다는 믿음입니다.

자세히 생각해보면 말이 되지 않는 것 같습니다. 전 세계 인구가 80억 명이나 되고, 그중 크리스천이 20억 명은 될 텐데, 하나님께서 나를 중심으로 모든 일을 이루신다면 다른 사람들은 어떻게 되는 겁니까?

그런데 기도에 깊이 들어가보면 그런 믿음이 생깁니다.

착각이 아니라 진짜로 하나님이 나를 중심으로 세상을 운영하신다는 믿음이 생기고 실제로 하나님이 그렇게 하십니다.

저는 2006년도에 교회 건물을 지을 때 그 믿음을 경험했습니다. 건물을 지으려면 콘크리트를 부어야 하는데, 그날은 절대로 비가 오면 안 됩니다. 비가 오면 콘크리트가 굳지 않아서 공사를 망치게 됩니다. 그런데 저희가 건물을 짓기 시작했을 때 며칠간 계속 비가 왔습니다. 공사를 망치지 않을까 너무 걱정되어 하나님께 기도했더니 정말 거짓말처럼 콘크리트를 치는 날부터 끝날 때까지 비가 오지 않았습니다.

이성적으로 생각하면 말이 안 됩니다. 비가 안 오면 농부들은 어떡합니까? 비가 오기만을 기다리는 사람들은 어떡합니까? 그런데 하나님이 나를 위해서 그렇게 하신다는 것입니다. 마치 세상이 나를 위해 돌아가고, 하나님께서 나를 중심으로 인류 역사를 운영하시는 것 같은 믿음이 생깁니다.

이런 일이 성경에도 나옵니다. 여호수아가 태양을 멈춘 것이 대표적인 예입니다. 여호수아가 아모리 족속을 칠 때

태양이 기브온 골짜기에 멈춰 서서 지지 않았습니다. 태양이 멈췄다는 것은 지구가 자전을 멈췄다는 것인데, 그렇게 되면 지구에 있는 생명체가 거의 다 죽게 됩니다. 쓰나미, 지진, 화산 같은 재난이 일어나고 지구뿐 아니라 태양계에 있는 다른 행성의 궤도에도 영향을 미칩니다. 하지만 하나님이 그렇게 하셨습니다. 여호수아가 하나님께 그렇게 해주시기를 구했기 때문입니다.

이해할 수는 없지만, 하나님이 날씨도, 기상도, 해도, 달도, 세계 경제도, 환율도, 정치도 나를 중심으로 경영하신다는 다윗의 믿음이 여러분 가운데 있게 되기를 축복합니다.

아버지는 자녀만 본다

그렇다고 오해하지는 마십시오. 지혜의 하나님은 나뿐만 아니라 수십억 사람 각각을 중심으로 세상을 경영하셔도 아무 문제 없게 경영할 수 있으십니다. 그러니 나와 하나님 사이에 과연 어떤 믿음이 있는지를 돌아봐야 합니다.

초등학교 운동회에 참석한 아버지는 그곳에 수많은 아

이가 뛰어다녀도 자기 아이만 봅니다. 뭔가 결정할 때도 자기 아이를 중심으로 결정합니다. 다른 사람의 아이들까지 고려해서 결정하지 않습니다. 이것이 하나님을 아버지로, 가장 개인적이고 친밀한 분으로 알고 있을 때 나오는 믿음입니다. 만약 하나님이 이성적이고 합리적인 일만 하신다고 믿는다면, 그것은 하나님을 개인적인 관계에서가 아니라 그저 이성적으로 이해하고 있는 것입니다.

하나님을 나의 아버지, 나와 가장 친밀하신 분, 나의 모든 사정을 아시는 분, 나의 앉고 일어서는 것을 아시는 분, 나를 구원하시고, 내 머리털까지도 세시는 분으로 알고 있으면 하나님께서 나를 중심으로 일하신다는 사실을 자연스럽게 믿게 됩니다.

이런 믿음이 없으면 나를 구원하신 하나님을 믿기가 참 어렵습니다. '세계를 경영하느라 바쁘신 분이 나의 사소한 문제까지 다 기억하고 개입하시겠어?' 이렇게 생각합니다. 그런 사람은 기도가 나오지 않습니다. 믿음의 기도는 하나님이 나의 아버지가 되셔서 나를 중심으로 세계를 운영하신다는 믿음이 있을 때 나옵니다. 이 믿음이 있을 때 하나님께서 정말로 나를 구원하신다는 확신이 생깁니다.

다윗 영성의 핵심도 하나님께서 자신을 위하여 움직이시고, 자신을 위하여 모든 것을 이루시는 분이라는 것을 믿는 믿음에서 나왔습니다. 하나님은 정말 우리를 위해서 모든 것을 이루시는 분이십니다. 여러분도 다윗의 믿음, 그 믿음의 황홀함을 경험하여 두려움이 기쁨으로 변화되기를 축복합니다.

기도의 끝은 결국 예배가 된다

그런데 명심할 것이 있습니다. 다윗이 가졌던 믿음은 기도할 때만 주어진다는 것입니다. 기도하지 않으면서 하나님이 나를 중심으로 움직이신다고 생각하는 것은 망상입니다. 기도할 때 성령께서 우리와 친밀하신 아버지, 우리의 아주 세밀한 것까지 다 지키고 계신 하나님 아버지의 마음을 조명해주십니다. 바로 그때 믿음이 생깁니다.

그 믿음이 다윗을 사로잡기 시작하자 다윗 안에 있던 두려움과 염려가 온데간데없이 사라졌습니다. 하나님께서 나를 중심으로 움직이신다는 것을 믿으니까 두려움이 사라지고 그곳이 하나님을 향한 예배로 채워지기 시작합니다. 다윗의 간구가 예배로 바뀌기 시작한 것입니다.

이처럼 모든 기도는 궁극적으로 예배에 이르게 됩니다. 어떻게 시작하든 기도의 끝은 결국 예배입니다. 기도가 깊어지면 하나님을 향한 예배로 바뀌게 됩니다. 만약 기도가 예배로 바뀌지 않았다면 아직은 기도가 충분히 깊어지지 않았다는 것입니다. 기도가 충분히 깊어지면 예배에 이르게 됩니다.

다윗의 기도를 봐도 5절 이후부터는 기도의 결이 확 바뀐 것을 알 수 있습니다.

하나님이여 주는 하늘 위에 높이 들리시며
주의 영광이 온 세계 위에 높아지기를 원하나이다
시 57:5

하나님이여 내 마음이 확정되었고
내 마음이 확정되었사오니
내가 노래하고 내가 찬송하리이다
내 영광아 깰지어다 비파야, 수금아, 깰지어다
내가 새벽을 깨우리로다
주여 내가 만민 중에서 주께 감사하오며

뭇 나라 중에서 주를 찬송하리이다
무릇 주의 인자는 커서 하늘에 미치고
주의 진리는 궁창에 이르나이다
하나님이여 주는 하늘 위에 높이 들리시며
주의 영광이 온 세계 위에 높아지기를 원하나이다

시 57:7-11

다윗의 시편에 담긴 가장 아름답고, 가장 위대한 예배는 다윗이 극심한 위기 가운데 있을 때, 인생의 광야를 지날 때, 사면초가인 상황 중에 드려졌습니다. 절체절명의 상황에서 쓰여진 그의 시편을 보면 예배에 이르는 기도가 얼마나 위대한지 알 수 있습니다.

우리 인생에 들이닥친 위기와 광야가 꼭 저주는 아닙니다. 제 인생을 돌아보아도 가장 깊은 기도의 예배는 한결같이 광야에서 드려졌습니다. 여러분도 똑같을 것입니다.

광야에 잘못 들어가면 시험에 빠져서 하나님을 떠나기도 합니다. 하지만 기도의 예배가 엄청 깊어지기도 합니다. 저도 인생의 광야를 지날 때 위기와 절망, 해답이 보이지 않는 답답함, 심지어 하나님을 향한 의심을 품었습니다. 하지만 그 시간을 지나면서 하나님을 향한 예배가 비교할 수 없이 깊어졌습니다.

입만 열면 기도의 예배가 되고, 한 마디만 선포해도 눈물이 흘렀습니다. 하나님께 부르짖기 때문입니다. 간절함이 있기 때문입니다. 이제는 여호와 하나님밖에 없다는 것을 인식하게 되는 순간 예배가 살아나기 시작합니다.

우리 삶에 다른 선택의 여지가 없어질 때 오직 하나님만 바라보게 됩니다. 오직 하나님만 의지하게 됩니다. 오직 하나님만을 부르짖게 됩니다.

그렇게 간절히 부르짖을 때 나를 위하여 일하시고, 나를 중심으로 세상을 경영하시는 우리 아버지 하나님을 대면하게 됩니다. 그리고 하나님을 대면하게 되는 것이 곧 예배입니다. 이 위대한 대면이 우리 안에서 예배가 터져 나오게 합니다.

광야의 기회를 잡으라

우리를 어렵게 만드는 위기의 상황, 광야의 상황, 사면초가의 상황은 항상 예배를 살아나게 합니다. 예배의 본질은 하나님이 어떤 분이신지 대면하는 것이고, 하나님을 대면한 사람의 자연스러운 반응이 곧 예배이기 때문입니다.

이것은 정처없이 사막을 걷다가 갑자기 물을 발견했을 때 느끼는 기쁨과 환희입니다. 광야에서 하나님을 대면했을 때 정확히 똑같은 느낌을 받습니다. 하나님이 어떤 분이신지 알게 되면 하나님이 내 인생을 붙잡고 계셨다는 사실에 말로 다 설명할 수 없는 경외, 설렘을 느끼게 됩니다. 그래서 광야에서 드리는 예배는 깊어질 수밖에 없습니다.

사실 광야가 아니라면 물 때문에 놀랄 일이 없습니다. 일상에서 물을 본다고 미친 듯이 기뻐하거나 예배하는 분은 없을 것입니다. 누가 물을 본다고 설레겠습니까. 하지만 광야에서는 전혀 다른 이야기가 시작됩니다. 물을 대하는 태도가 달라지고, 물의 본질과 의미, 그 가치를 알게 됩니다.

하나님을 예배한다는 것 역시 결국 하나님이 어떤 분이신지를 제대로 보게 되는 것입니다. 광야에 이르러서야 비로소 하나님이 태초부터 내 인생을 인도하고 보호하고 계셨다는 것을 깨닫게 되는 것입니다. 이것이 바로 다윗의 시편 57편에 담긴 다윗 영성의 또 다른 핵심입니다.

광야에서 하나님이 어떤 분이신지를 보게 되면 '다윗의

예배'가 나오기 시작합니다. 다윗에게 있어서 두려움, 위기, 고통은 그를 더 깊은 예배로 인도하는 촉매제였습니다. 우리 인생도 마찬가지입니다. 현재 우리가 겪고 있는 두려움, 고통, 절박함, 외로움을 하나님께로 가져가지 않고 그냥 방치하거나 하나님 외에 다른 해결책을 찾기 시작하면 두려움, 고통, 절박함, 외로움이 우리 인생의 어두움이 되고 저주가 됩니다.

하지만 두려움, 고통, 절박함, 외로움을 하나님께 가져가서 부르짖어 기도하면 그 상황이 오히려 하나님을 대면하게 하고, 하나님을 발견하게 하고, 더 깊은 예배로 인도하는 놀라운 축복으로 바뀌게 됩니다.

그래서 광야의 기회를 잡은 다윗의 시편 57편 후반부에는 두려움, 원수들을 향한 분노 같은 이야기가 나오지 않습니다. 오직 하나님의 이야기만 있습니다. 여러분도 광야의 기회를 놓치지 않기를 바랍니다.

하나님을 높이는 다윗의 예배

5절부터 본격적인 다윗의 예배가 시작됩니다. 성경을 보면 다윗의 예배의 첫 번째 특징이 하나님을 높이는 것임을 알 수 있습니다.

하나님이여 주는 하늘 위에 높이 들리시며
주의 영광이 온 세계 위에 높아지기를 원하나이다
시 57:5

하나님이여 주는 하늘 위에 높이 들리시며
주의 영광이 온 세계 위에 높아지기를 원하나이다
시 57:11

다윗의 예배는 하나님을 높이는 마음에서부터 시작됩니다. 하나님을 높이는 마음이 없으면 예배가 아닙니다. 그 마음이 없으면 자신을 위로하는 것이고 자아도취일 뿐입니다. 예배할 때 많은 찬양을 드리고 많은 기도를 드리지만 아무리 좋은 찬양이라도 하나님을 높이는 마음이 없다면 그냥 노래일 뿐입니다. 그 노래에 스스로 위로받고 기뻐한다면 그것은 자아도취일 뿐 예배가 아닙니다. 예배는 하나님을 높이는 마음에서부터 시작되기 때문입니다.

하나님을 높이는 마음은 부르짖음에서 시작됩니다. 부

르짖으며 하나님께 기도하면 기도가 깊어집니다. 기도가 깊어지면 하나님을 높이고자 하는 마음이 자연스럽게 나옵니다. 근심과 염려에 쌓여 있던 다윗의 마음도 부르짖기 시작할 때 하나님을 높이는 마음으로 충만하게 되었습니다.

하나님을 높이는 마음이 가득하게 되자 다윗의 유일한 관심은 하나님이 되었습니다. 더 이상 자신도, 가드 왕 아기스도, 사울 왕의 광폭함도 보이지 않고 오직 하나님만 보였습니다. 그래서 목숨이 위태로운 상황에서도 오직 하나님만 찬송하고 있는 것입니다.

다윗의 예배는 하나님만 높이는 예배, 다른 모든 것 위에 뛰어나신 하나님, 다른 모든 것 위에 높이 들리시는 하나님만 드러나고, 하나님만 보이는 예배였습니다. 우리가 믿는 하나님은 그렇게 되셔야 마땅한 분이십니다. 이것이 다윗의 마음이었고, 다윗의 고백이었습니다.

결국 모든 기도의 종착점은 하나님을 높이는 예배입니다. 구원을 위해 기도하든, 치유를 위해 기도하든, 염려 때문에 기도하든, 남편과 자식 때문에 기도하든 기도의 종착점은 하나님이 높아지시기를 원하는 예배입니다. 만약 거기까지 다다르지 않았다면 아직 기도가 충분히 깊어지지 않은 것입니다. 기도의 종착점까지 달려가야 합니다.

내 마음이 확정되었사오니

하나님을 높이는 마음이 다윗의 마음에 충만할 때 그의 마음이 하나님 앞에서 확정되기 시작합니다.

하나님이여 내 마음이 확정되었고
내 마음이 확정되었사오니
내가 노래하고 내가 찬송하리이다
시 57:7

확정되었다는 말은 더 이상 고민하거나 망설이지 않는다는 것입니다. '저렇게 했어야 했나? 이렇게 했어야 했나?'라고 불안해하거나 헷갈리지 않고 오직 하나님께만 향하는 것입니다.

하지만 하나님께 피하기로 결단하고 부르짖는다고 해서 우리의 마음이 곧바로 하나님을 향하여 확정되지는 않습니다. 부르짖고 기도하면서도 여전히 불안해하고, 하나님밖에 없다고 말하면서도 여전히 두려워하는 것이 인간의 마음이기 때문입니다.

삶을 뒤흔드는 위기 앞에서 흔들리고, 믿음으로 부르짖어 기도하면서도 불안해합니다. 미래에 대한 불안으로 마음이 요동하고, 위기를 어떻게 해결할지 고민하며 마음이 어지럽습니다. 하나님이 정말 나를 지켜주실지 의심하면서 흔들리기도 합니다. 심지어는 하나님을 계속 의지해야 하는지 갈등하며 마음이 복잡해집니다.

그런데 그렇게 흔들리면서도 부르짖을 때 기도가 깊어지고, 결국 예배가 터져 나오기 시작하면 마음이 하나님께로 확정되어버립니다. 더 이상 흔들리지 않고, 하나님밖에 없다고 선포한 믿음이 실제가 되는 것입니다.

부르짖는 기도가 깊어지면서 다윗의 마음도 더 이상 흔들리지 않고 하나님께로 확정되었습니다. "하나님, 더 이상 불안하지 않습니다. 내 마음이 확정되었습니다. 하나님, 더 이상 갈등하지 않습니다. 내 마음이 확정되었습니다. 하나님, 더 이상 염려하지 않습니다. 내 마음이 확정되었습니다. 하나님, 더 이상 복잡하지 않습니다. 내 마음이 확정되었습니다."

이것이 다윗의 고백이고 예배입니다. 깊은 예배 가운데 들어가며 “내 마음이 확정되고 확정되었사오니”라고 하나님 앞에서 찬양하게 되는 것입니다.

내가 새벽을 깨우리로다

8절은 다윗의 시편 가운데 가장 유명한 구절 중 하나입니다.

> 내 영광아 깰지어다 비파야, 수금아, 깰지어다
> 내가 새벽을 깨우리로다
> 시 57:8

다윗이 자신을 향해서 선포합니다. “내 영광아 깰지어다 비파야, 수금아, 깰지어다.” 자신의 예배를 스스로 깨우고 있습니다. 자신의 영혼을 향해서 깨어나라고 선포하고 있는 것입니다. 이 기도는 다윗이 자주 사용했던 기도 중 하나로 자기 자신을 향해서 선포하는 기도입니다.

다윗 영성의 핵심 중 하나는 자신의 영혼을 향해 선포하는 것입니다. 요즘은 자신을 향해 선포하는 기도가 흔하지 않은 것 같습니다. 그런데 성경은 다윗을 통해 우리에게 자신을 향해서 선포하는 기도를 보여줍니다.

자신을 향한 선포에는 내 입술의 말에 권세가 있음을 믿는 믿음이 자리하고 있습니다. 자신이 선포한 믿음대로 되리라는 확신이 있는 것입니다. 다윗은 수차례 자신을 향해 선포하는 기도를 드렸습니다.

> 내 영혼아 여호와를 송축하라
> 내 속에 있는 것들아 다 그의 거룩한 이름을 송축하라
> 시 103:1

그는 자신의 영혼을 향해 송축하라고 명령합니다. 그리고 그 명령이 그의 영혼을 깨어나게 합니다. 이외에도 여러 곳에서 선포하는 기도가 나옵니다.

> 할렐루야 내 영혼아 여호와를 찬양하라
> 시 146:1

나의 영혼아 잠잠히 하나님만 바라라
무릇 나의 소망이 그로부터 나오는도다
시 62:5

실제로 예배드리고 기도하다보면 선포하는 기도에 굉장한 능력이 있다는 것을 깨닫게 됩니다. 특별히 낙심하거나 지쳤을 때 자신의 영혼을 향해서 선포하는 선포기도에 엄청난 힘이 있다는 것을 경험하게 됩니다.

다윗은 하나님께서 우리 입에 주신 권세를 믿었습니다. 그리고 그 권세로 자신의 영혼을 향해 선포했을 때 그 선포가 다윗의 영혼을 깨우고, 그를 낙심에서 건지고, 감사와 예배로 들어가게 했습니다. 이것이 다윗 영성의 핵심 중 하나입니다.

여러분의 기도에도 계속해서 다윗의 선포가 회복됐으면 좋겠습니다. 자신의 영혼을 깨우고, 하나님을 예배하고 찬양하게 하는 기도가 우리 가운데 충만했으면 좋겠습니다.

다윗은 8절에서 "내가 새벽을 깨우리로다"라고 고백합니다. 새벽은 긴 밤의 어두움을 뚫고 빛이 막 비추기 시작하는 때입니다. 따라서 새벽을 깨운다는 말은 이제 밤이

가고 아침이 온다는 뜻으로 지금까지는 캄캄하고 어두웠지만 이제 빛이 오고 있다는 것입니다.

다윗은 긴 밤, 깊은 어둠 속에 있었습니다. 사울의 위협, 블레셋에서의 비참함, 언제 끝날지 모르는 어둠 속에서 신음하는 그의 마음과 영혼에는 깊은 어둠이 드리워져 있었을 것입니다. 언제 웃었는지 기억도 나지 않고, 언제 죽을지 모른다는 불안이 그의 영혼을 잠식했을 것입니다.

어둠 중에서도 가장 힘든 어둠은 끝날 기미가 보이지 않는 어둠입니다. 아무리 캄캄한 어둠도 끝날 기미가 보이면 어느 정도 버틸 수 있습니다. 그런데 끝날 기미가 보이지 않으면 정말로 소망을 잃고 낙심하게 됩니다. 다윗이 사울을 피해 도망 다닌 세월이 수년이 넘습니다. 다윗의 마음은 아주 오랫동안 끝이 보이지 않는 캄캄한 어둠에 짓눌렸을 것입니다.

그런데 다윗이 부르짖기 시작하고, 그의 기도가 깊은 곳에 다다라서 예배가 되었을 때 놀라운 변화가 일어납니다. 어둠이 끝나고 새벽이 오는 것이 보이기 시작한 것입니다.

물론 아직은 어두운 밤이지만 저기 동편에 먼동이 터오

는 것이 보입니다. 이제 아침이 밝아올 것입니다. 다윗의 상황은 하나도 나아진 것이 없지만 그의 영혼에 변화가 일어나기 시작합니다. 소망의 여명, 기쁨의 여명이 보이기 시작하고, 평강의 여명이 비추기 시작합니다.

"내가 새벽을 깨우리로다. 내가 새벽을 깨우리로다." 다윗의 영혼이 새벽을 맞이하고 있습니다. 상황은 아직 바뀌지 않았지만, 하나님의 구원의 빛, 그분의 영광의 빛이 태양처럼 빛나기 시작합니다. 밤의 어둠을 땅끝까지 몰아내고 나의 영혼을, 나의 삶을 빛으로 가득 채울 하나님의 시간, 새벽, 아침이 오고 있다고 고백합니다.

기억하십시오. 우리의 기도가 깊은 곳에 다다르게 될 때 우리 영혼 가운데 새벽이 임합니다. 상황과 관계없이 소망이 보이기 시작하고, 여명이 비추고, 우리는 하나님의 빛을 맞이하게 됩니다.

터져 나오는 감사와 찬양

다윗의 기도가 정점에 다다릅니다.

주여 내가 만민 중에서 주께 감사하오며

뭇 나라 중에서 주를 찬송하리이다
무릇 주의 인자는 커서 하늘에 미치고
주의 진리는 궁창에 이르나이다
하나님이여 주는 하늘 위에 높이 들리시며
주의 영광이 온 세계 위에 높아지기를 원하나이다
시 57:9-11

하나님을 향한 막을 수 없는 감사가 쏟아져 나오기 시작합니다. 의지적으로 끄집어내는 감사가 아닙니다. 생각할 여유도 없이 쏟아지는 감사입니다. 홍수가 나면 둑이 넘쳐서 폭포처럼 물이 쏟아져 내리듯 감사가 터져 나옵니다.

이제 무엇으로도 막을 수 없는 감격과 감사가 다윗의 영혼에 넘쳐납니다. 상황과 어둠과 이성의 모든 둑을 뚫고 감사가 쏟아져 흐르기 시작합니다. 감격과 환희와 설명할 수 없는 신비입니다. 이 감사의 예배 가운데 들어가면 상황적으로는 도저히 감사할 수 없는데 감사가 터져 나옵니다.

제가 2019년도에 건강검진을 하면서 폐에 암이 있는 것

같다는 진단을 받고 서울대학병원에서 수술 날짜까지 잡고 나오고 있었습니다. 그런데 정말 이해할 수 없이 너무 감사했습니다. 전혀 감사할 상황이 아니고 정말 심각한 상황인데 너무 감사해서 뭐부터 감사해야 할지 몰랐습니다. 지금까지 살아온 인생 전체가 감사였습니다. 태어나서 지금까지 하나님께서 저를 이끌어오신 은혜를 생각하니 지금 데려가신다고 해도 아쉬울 게 하나도 없었습니다.

정말 신비한 감사입니다. 감사할 조건을 생각하는 게 아니라 그냥 막 감사가 쏟아집니다. 이것이 다윗의 예배였습니다. 깊은 예배 가운데 들어가면 다윗처럼 감사가 쏟아져 나오게 됩니다.

하나님을 대면한 자, 하나님의 은혜를 맛본 자, 하나님의 영광과 지혜를 경험한 자가 누릴 수 있는 신비입니다. 시편 57편의 마지막 세 절에는 이런 감격과 환희가 충만합니다. 이성적으로 설명하거나 짜내서 만든 시구가 아니라 다윗의 영혼의 울림입니다. 다윗의 영혼에 일어나고 있는 예배가 폭포처럼 넘쳐흐르는 것입니다.

다윗의 주체할 수 없는 감격이 느껴지지 않습니까? 넘쳐흐르는 감사를 표현할 방법이 없습니다. 하나님의 위대하심과 광대하심과 지혜와 영광과 존귀와 능력과 부와 영원한 신비가 감당할 수 없이 다윗의 영혼을 울리고 있는 것입니다.

다윗 영성의 핵심은 '예배'입니다. 다윗의 예배가 우리 가운데 드려지고 재현되는 역사를 경험하셨으면 좋겠습니다. 어둠을 뚫고 울리는 다윗의 함성이, 사망을 뚫고 메아리치는 다윗의 기쁨이, 두려움을 뚫고 퍼져가는 다윗의 승리의 소리가 여러분의 어두운 시간을 뒤바꿀 것입니다. 이것이 우리의 소망이며, 기쁨입니다. 이것이 우리의 전략입니다.

다윗의 기쁨의 비밀은 '예배'입니다. 깊은 예배 가운데 들어갔을 때 막을 수 없는 감격, 막을 수 없는 감사가 다윗의 영혼으로부터 터져 나왔듯이 저와 여러분의 삶 가운데도 다윗의 예배가 회복되고, 다윗의 감격과 감사가 재현될 줄 믿습니다.

05

여호와여
젊은 사자의 이를
꺾으소서

시편 58편

“통치자들아”라는 외침으로 시작하는 시편 58편은 악한 통치자들에 대한 경고와 고발의 시입니다. 이 시편을 통해 다윗 영성의 또 다른 핵심, 악인에 대한 고발과 저주를 이해할 수 있습니다.

다윗의 시편 중 많은 곳에는 악인에 대한 고발과 저주가 적나라하게 묘사되어 있습니다. ‘사람을 저렇게 저주해도 되나?’라는 생각이 들 정도로 노골적이고 솔직하게 저주합니다.

다윗은 악인에 대해 관대하지 않았습니다. 악인들의 악함을 하나님께 고발하고, 악에 대한 심판을 간구했습니다. 설령 그 대상이 자신의 아들일지라도 말입니다. 악에 대한 분노와 저주는 개인적인 차원의 의분(義憤)에서 비롯되는 경우도 있지만, 시편 58편의 분노는 왕으로서의 책임감에서 나옵니다.

다윗은 왕이었습니다. 이스라엘에 대해 책임이 있는 사람이었습니다. 아무리 압살롬이 그가 사랑하는 아들이라 할지라도 불의와 사악으로 백성들을 고통스럽게 하는 것을 묵과할 수 없었습니다.

오늘날 크리스천은 왕이며 제사장입니다. 이 땅에 대한 책임이 있는 자들입니다. 우리가 불의와 악에 대해 진노하는 이유가 개인적인 이익이나 불리함 때문이어서는 곤란합니다. 개인적인 관계성에 의해 판단해서도 안 됩니다. 우리는 하나님 앞에 왕으로 서야 합니다. 이 땅에 대하여 책임이 있는 자로 서야 합니다. 비록 악을 행하는 자가 친족이나 지인이라 할지라도 말입니다. 다윗은 압살롬의 악함에 대해 그러했습니다.

이 땅에 불의함이 있다면 누가 하나님께 고소하고 호소하겠습니까? 기도하는 자들밖에 더 있겠습니까? 우리에게는 이 땅의 불의함을 하나님께 고소할 책임이 있습니다. 우리가 아니면 하늘에 호소할 자들이 없습니다.

침묵도 악이다

다윗이 첫 번째로 고발하고 있는 악은 '해야 할 말을 하지 않는 악'입니다.

통치자들아
너희가 정의를 말해야 하거늘 어찌 잠잠하냐
인자들아
너희가 올바르게 판결해야 하거늘 어찌 잠잠하냐
시 58:1

오늘날 이 땅에서도 비일비재하게 일어나고 있는 일 아닙니까? 자기에게 유리한 말은 입이 닳도록 떠들어대지만 불리한 말은 비록 그것이 진실이라 해도 입에 담지 않습니다. 이것은 이 땅에서 멸절되어야 할 악행입니다.

통치자는 정의를 말해야 합니다. 자신에게 불리해도 정의를 말할 수 있어야 하나님이 세우신 통치자의 자격이 있습니다. 세상 통치자뿐 아니라 크리스천도 마찬가지입니다. 정의를 말함에 있어 잠잠해서는 안 됩니다. 나의 이익이나 관계에 따라서 할 말과 안 할 말을 구분해서는 안 됩니다.

또 올바른 판결을 해야 합니다. 굽어진 판결을 하면 안 됩니다. 외압이나 두려움, 정치적 이권이나 관계, 사욕이나 이익에 의해 굽어진 판결을 하지 않도록 기도해야 합니다. 해야 할 말에 대해 잠잠하지 않도록 기도하시기를 바랍니다.

중심의 악과 손의 악행

다윗이 고발하는 두 번째 악행은 2절에 나옵니다.

> 아직도 너희가 중심에 악을 행하며
> 땅에서 너희 손으로 폭력을 달아 주는도다
>
> 시 58:2

다윗은 통치자들의 악행으로 두 가지 악을 하나님께 고발하는데 첫 번째는 '그 중심에 있는 악', 두 번째는 '손으로 행하는 악행'입니다.

사무엘하 15장을 보면 백성의 마음을 사로잡고자 했던 압살롬의 동기는 한 가지입니다. 바로 백성들의 마음을 도둑질하는 것이었습니다. 선한 재판을 통해 백성들의 억울함을 풀어주고 나라에 공정한 가치를 세우려는 뜻은 전혀 없었습니다.

입으로는 "정의를 베풀기를 원한다"라고 이야기하지만, 압살롬의 유일한 동기는 백성들의 마음을 훔치는 것이었습니다. 이를 위해 "네 송사를 들을 사람을 왕께서 세우지 아니하셨다"(삼하 15:3)라는 가짜뉴스를 만들어냈습니다.

사실은 자기가 중간에 끼어들어서 송사를 가로챈 것입니다. 이처럼 압살롬의 동기는 순수하지 못했습니다. 그의 중심은 악으로 가득했습니다. 이 악한 동기를 다윗이 고발합니다.

우리도 이 땅의 통치자들을 위해 기도할 때 그들의 마음의 중심이 순수할 수 있도록 기도합시다. 통치하는 동기가 올바르도록 기도합시다. 권력에 대한 사욕이 아니라 나라와 민족을 사랑하는 충심이 있도록 기도합시다. 국회의원도, 대통령도, 장관과 법관도 모두 올바른 동기로 일할 수 있도록 기도합시다.

일그러진 동기, 개인의 이익, 돈과 권력에 대한 욕심이 아니라 나라를 사랑하며, 백성들을 생각하는 마음으로 일한다면 이 땅은 정의가 흐르는 나라가 될 것입니다.

또한 손으로 폭력을 달아주지 않도록 기도해야 합니

다. 손으로 폭력을 달아준다는 것은 마음의 동기뿐 아니라 실제로도 백성들에게 잔인하고 고통스러운 정책을 펼치고 판결을 내리는 것을 의미합니다. 통치자들이 국민의 고통과 어려움을 신경 쓰지 않는다는 뜻입니다.

통치자들은 국민의 고통과 호소에 귀 기울여서 억울한 일이 벌어지지 않도록 해야 합니다.

통치자의 거짓에 대한 호소

세 번째로 다윗은 통치자의 거짓에 대해서 하나님께 호소합니다.

> 악인은 모태에서부터 멀어졌음이여
> 나면서부터 곁길로 나아가 거짓을 말하는도다
>
> 시 58:3

악인의 가장 큰 특징은 거짓으로 남을 속이는 것입니다. 악인은 권력을 잡기 위해서 거짓을 사용할 수밖에 없습니다. 그의 악함이 드러나게 되면 누가 그 사람에게 복종하겠습니까? 그러니 자신의 악함을 속이는 수밖에 없는 것입니다. 그래서 악한 통치자는 항상 거짓을 말합니다.

그런데 이 거짓에 대해 다윗은 "나면서부터 곁길로 나아가 거짓을 말한다"고 이야기합니다. 거짓이 얼마나 깊었으면 나면서부터 거짓이라는 것입니다. 나면서부터 거짓이 몸에 배어서 삶의 일부가 된 것입니다.

거짓이 무너지도록 기도해야 합니다. 특히 요즘같이 미디어가 사유화되어가는 시대에는 거짓의 파워가 어느 때보다 막강합니다. 저는 나라와 민족을 위한 기도의 핵심은 거짓에 대한 전쟁이라고 생각합니다. 거짓만 무너질 수 있다면 이 땅에 소망이 있습니다. 그러기 위해서는 먼저 거짓이 드러나야 합니다.

이 땅에서 거짓이 무너지도록 기도합시다. 거짓이 드러나도록 기도합시다. 몰래 꾸미던 하만의 거짓 계략이 만천하에 드러나고 그 결과 그 계략에 스스로 무너졌듯이 우리도 하나님께 호소합시다. 에스더가 왕께 호소하듯이 하나님께 호소합시다.

그들의 독은 뱀의 독 같으며
그들은 귀를 막은 귀머거리 독사 같으니

술사의 홀리는 소리도 듣지 않고
능숙한 술객의 요술도 따르지 아니하는 독사로다
시 58:4-5

다윗은 이들이 마치 독사와 같다고 이야기합니다. 이들은 한번 물리면 치명적인 독을 퍼트리는 독사와도 같은데 그냥 독사도 아니고 귀머거리 독사와 같습니다. 술사의 소리도 듣지 않고, 술객의 요술도 따르지 않는 독사는 누구의 말도 듣지 않습니다.

다윗은 지금 누구의 말도 듣지 않는 악한 통치자를 하나님께 고소하고 있습니다. 통치자가 누구의 말도 듣지 않는다는 것은 정말 위험한 일입니다. 국민의 소리도 듣지 않고, 입법부의 통제도 받지 않고, 사법부의 판결도 무시한다면 정말 위험한 권력입니다.

아무런 통제도 없는데 타락한 인간이 선한 권력을 행사할 수는 없습니다. 인간은 타락한 존재이기에 그가 가진 권력은 어떤 방식으로든 통제되어야 합니다. 그래서 삼권분립이 존재하는 것입니다.

우리는 독재적 권력이 나오지 않도록 기도해야 합니다.

이 땅의 통치자들이 국민의 소리를 경청하며, 어른들의 소리를 경청하며, 진심어린 조언을 경청하는 자들이 되도록 기도합시다.

불법자들을 심판하소서

다윗은 불법자들에 대한 심판을 하나님께 호소하고 있습니다.

하나님이여 그들의 입에서 이를 꺾으소서
여호와여 젊은 사자의 어금니를 꺾어 내시며
그들이 급히 흐르는 물 같이 사라지게 하시며
겨누는 화살이 꺾임 같게 하시며
소멸하여 가는 달팽이 같게 하시며
만삭되지 못하여 출생한 아이가
햇빛을 보지 못함 같게 하소서
가시나무 불이 가마를 뜨겁게 하기 전에
생나무든지 불 붙는 나무든지
강한 바람으로 휩쓸려가게 하소서

시 58:6-9

다윗은 악한 통치자들을 하나님께 고발하면서 두 가지 심판을 호소합니다. 첫 번째는 이들을 심판하시되 재기가 불가능하도록 철저히 심판하실 것을 구하고, 두 번째는 그들을 신속하게 심판하시기를 간청합니다.

악인들의 세력이 비록 젊은 사자 같고, 홍수에 불어난 흉포한 물 같을지라도 하나님께서 이들을 꺾어달라고 호소합니다. 젊은 사자의 이를 꺾으시고, 급히 흐르는 물이 사라지듯이 한순간에 사라지게 해서 다시는 재기할 수 없도록, 불의가 땅에 발을 붙이지 못하도록 심판해달라고 호소하는 것입니다.

또한 "만삭되지 못하여 출생한 아이가 햇빛을 보지 못함 같게 해달라"고 호소합니다. 악이 이 땅에 출산되지도 못하게 해달라는 것입니다.

그리고 하나님의 심판이 한꺼번에 임해서 극적인 반전이 있게 해달라고 기도합니다. 가마가 뜨거워지기 전, 즉 이 땅에 악이 영향을 미치기 전에 생나무든 불붙은 나무든 상관없는 것처럼 악인의 계략이 어떠한 것이든지 종류에 상관없이 하나님의 강한 바람으로 한번에 날려달라는 호소입니다.

이 땅을 위해 기도할 때 악인들의 모든 계략을 한 번에 날려 버려달라는 마음으로 기도합시다. 이 땅은 하나님께 속했습니다. 대한민국은 하나님께 속했습니다.

진실로 심판하시는 하나님이 계시다

마지막으로 다윗은 하나님이 이루실 일을 미리 보고 확신함으로 기뻐합니다. 심판과 저주에 대한 다윗의 시편이 기쁨과 감사로 마무리된 것입니다.

> 의인이 악인의 보복 당함을 보고 기뻐함이여
> 그의 발을 악인의 피에 씻으리로다
> 그 때에 사람의 말이 진실로 의인에게 갚음이 있고
> 진실로 땅에서 심판하시는 하나님이 계시다 하리로다
> 시 58:10-11

11절이 미래형인 것을 보면 알 수 있듯이 다윗은 아직 위기 가운데 있지만, 기도 속에서 하나님이 행하신 일을 믿음으로 보았습니다.

이것이 믿음이며, 기쁨의 능력입니다. 다윗이 하나님 앞에 나아가 이 땅의 악함을 고발하고 호소했을 때 성령께서 다윗에게 믿음의 확신을 부으셨습니다. 그것이 바로 다윗이 누렸던 기쁨과 평강의 비결입니다.

우리가 이 땅을 위해 왕과 제사장 된 책임감으로 기도할 때 하나님께서 우리 안에 동일한 기쁨과 평강을 부으실 줄 믿습니다. 그 기쁨이 함께하는 여러분이 되기를 축복합니다.

06

나의 힘이시여 내가 주께 찬송하오리니

시편 59편

시편 59편은 다윗의 믹담 다섯 번째 시로 사무엘상 19장을 배경으로 하고 있습니다. 당시 사울은 다윗을 죽이려고 부하들을 보내어 다윗의 집을 지키고 있었습니다.

전쟁이 다시 있으므로
다윗이 나가서 블레셋 사람들과 싸워
그들을 크게 쳐죽이매 그들이 그 앞에서 도망하니라
사울이 손에 단창을 가지고 그의 집에 앉았을 때에
여호와께서 부리시는 악령이 사울에게 접하였으므로
다윗이 손으로 수금을 탈 때에
사울이 단창으로 다윗을 벽에 박으려 하였으나
그는 사울의 앞을 피하고 사울의 창은 벽에 박힌지라
다윗이 그 밤에 도피하매
사울이 전령들을 다윗의 집에 보내어

그를 지키다가 아침에 그를 죽이게 하려 한지라
다윗의 아내 미갈이 다윗에게 말하여 이르되
당신이 이 밤에 당신의 생명을 구하지 아니하면
내일에는 죽임을 당하리라 하고

삼상 19:8-11

정말 억울한 상황입니다. 사울 왕에게 충성을 다하고 전장에서 목숨을 내걸고 싸웠는데 사울 왕에게 죽임을 당하게 생긴 것입니다. 시편 59편에서 다윗은 그 억울함을 호소합니다.

그들이 나의 생명을 해하려고 엎드려 기다리고
강한 자들이 모여 나를 치려 하오니
여호와여 이는 나의 잘못으로 말미암음이 아니요
나의 죄로 말미암음도 아니로소이다
내가 허물이 없으나
그들이 달려와서 스스로 준비하오니
주여 나를 도우시기 위하여 깨어 살펴 주소서

시 59:3-4

그런데 시편 59편에는 한 가지 흥미로운 점이 있습니다. 다윗이 하나님을 요새, 피난처, 힘, 나를 도우시는 분, 나를 돕기 위해 깨어 계신 분, 나를 인자로 영접하는 분 등 여러 호칭으로 부르고 있다는 것입니다.

따라서 우리는 시편 59편을 통해서 다윗의 하나님, 그가 예배하고 신뢰했던 하나님이 어떤 하나님이었는지를 알 수 있습니다. 그가 하나님을 부르는 다양한 호칭들을 통해서 다윗의 하나님이 어떤 하나님이신지, 그는 그 하나님을 어떻게 믿고 섬겼는지, 다윗에게 하나님은 어떤 의미가 있는 분이었는지를 살펴보면서 다윗이 누렸던 은혜를 동일하게 누리는 역사가 있기를 소망합니다.

나의 하나님이여

다윗이 누렸던 하나님의 첫 번째 호칭은 'My Lord, My God, 나의 하나님'입니다.

> 나의 하나님이여 나의 원수에게서 나를 건지시고
> 일어나 치려는 자에게서 나를 높이 드소서
>
> 시 59:1

나의 하나님이 그의 인자하심으로 나를 영접하시며
하나님이 나의 원수가 보응 받는 것을
내가 보게 하시리이다

시 59:10

다윗에게 하나님은 멀리 계신 분, 자신과 상관없이 우주를 창조하고 운영하시는 창조주가 아니었습니다. 다윗에게 하나님은 아주 가까이 계신 분, 아주 친밀히 계셔서 개인적인 일까지 간섭하고 도우시는 하나님이셨습니다.

물론 하나님은 우주를 창조하고 세계를 운영하는 분이셔서 우리가 가까이 갈 수 있는 분이 아닙니다. 우주를 생각하면 사람은 정말 먼지만도 못한 의미 없는 존재이기 때문입니다. 그런데 다윗은 하나님을 나와 가장 친밀한 분, 나와 가장 가까이 계신 분, 나의 개인적인 것을 묻고 아뢸 수 있는 분으로 대했습니다.

예를 들자면 이런 느낌입니다. 제가 대학교 1학년 때 미적분학이라는 수학 과목을 들었습니다. 그런데 때마침 미적분학 교과서가 바뀌었는데 새로 바뀐 교과서의 저자 중 한 분이 저희 아버지였습니다. 교과서가 바뀔 때 학생들이 겪는 문제는 일명 족보가 없다는 것입니다. 미적분학 교과서가 바뀌어 기출 시험 문제가 없고, 따라서 선배들의 족보가 없으니 다들 새로운 문제를 풀면서 어려운 시간을 보냈습니다.

하지만 저에게는 교과서를 만든 아버지가 계셨습니다. 모르는 문제가 있으면 아버지한테 가면 됩니다. 그러면 아버지가 친절하게 알려주시니 얼마나 든든하고 힘이 되었는지 모릅니다. 교과서의 저자가 아버지라는 것만으로도 이렇게 힘이 되는데, 전 우주를 창조하신 분이 나와 가까운 나의 하나님, 나의 아버지라면 얼마나 힘이 되겠습니까.

창조주 하나님 앞에 설 수 있는 자격을 가진 사람은 한 명도 없습니다. 그런 분에게 미주알고주알 아뢰는 것은 애초에 불가능합니다. 온 우주를 창조하고 운영하시는 분 앞에서 친구랑 싸운 이야기, 마음이 힘들다는 이야기를 어떻게 하겠습니까. 우리가 아뢰는 기도와 간구는 창조주 하나님의 수준에 맞지 않습니다.

하지만 그분이 나의 하나님, 나의 아버지이실 때는 다릅니다. 온 우주를 창조하고 운영하시는 하나님이 나의 아버지일 때는 우리의 기도와 간구도 의미를 갖게 됩니다. 미국의 대통령도 자기 자녀의 하소연은 중요한 문제로 여깁니다. 나의 하나님은 온 우주를 운영하는 일보다 자녀의 문제를 더 중요하게 여기십니다.

다윗에게 하나님은 '나의 하나님'이었습니다. 우리 하나님이 아니라 나의 하나님, 우주를 창조하신 창조주가 아니라 내가 독점하고 있는 하나님이라는 것입니다. 하나님과 독대하기 때문에 자신이 이야기하면 하나님이 들으신다는 것입니다. 자신의 하소연에 귀를 기울이시는 하나님이라는 것입니다. 하나님의 입장에서는 수준에 맞지 않는 이야기라 할지라도 하나님은 다윗의 이야기를 들으셨습니다. 귀를 기울이셨습니다.

한 나라를 통치하다보면 어쩔 수 없는 사건 사고가 생기고 그러다가 사람이 죽고 살기도 합니다. 하지만 그럴 때마다 매번 일희일비할 수는 없습니다. 전쟁이 일어나면 사람이 죽는 것은 당연한 일입니다. 그러나 온갖 사건과 사고와 전쟁의 당사자, 그 한 사람이 자신의 자녀라면 이야기는 달라집니다. 하나님에게는 다윗이 그런 존재였습니다.

사실 다윗 한 사람이 사울에게 오해를 받아서 죽든 말든 창조주의 입장에서는 큰 사건이 아닙니다. 억울하게 죽은 사람, 전쟁에서 죽은 사람, 자객에게 생명을 잃은 사람이 한둘이겠습니까? 하나님의 입장에서는 별일이 아닌 것입니다.

그런데 다윗은 달랐습니다. 다윗에게 하나님은 '나의 하나님'입니다. 사울에게 억울한 핍박을 받고 있다고 하소연을 하면 하나님께서 다윗의 말을 귀 기울여 들으시고, 그 위험에서 그를 구원하시고 도우십니다.

이것이 다윗 영성의 핵심이었습니다. 다윗에게 하나님은 멀리 계신 창조주가 아니라 '나의 하나님'이셨습니다. 창조주이신 하나님보다 훨씬 더 가깝고 친밀한 '나의 하나님'이셨던 것입니다.

건지시고 구원하시는 하나님

다윗에게 하나님은 '나를 건지시고 나를 구원하시는 분'이었습니다.

> 악을 행하는 자에게서 나를 건지시고

피 흘리기를 즐기는 자에게서 나를 구원하소서

시 59:2

여기서 말하는 '구원'이란 종교적이고 형이상학적인 용어가 아닙니다. 오늘 내가 처해 있는 구체적인 어려움과 환난에서 나를 건지신다는 뜻입니다. 인류 구원의 길을 말하는 것이 아니라 '나의 구원'입니다. 지극히 개인적인 경험입니다.

악을 행하는 자에게서 나를 건지시고 피 흘리기를 즐기는 자에게서 나를 구원하시는 분, 이 땅의 잔혹함에서 나를 보호하시고, 질병의 고통에서 나를 구원하시는 분, 원수의 억압에서 나를 지키시고, 감당할 수 없는 우울과 슬픔에서 나를 위로하시는 분, 이것이 성경이 말하는 '구원의 하나님'입니다.

다윗이 말하는 '구원의 하나님'도 개인적인 관계의 하나님을 의미합니다. 다윗에게 하나님은 예수 그리스도를 통해 죄를 용서하셔서 새로운 삶을 살 수 있는 길을 마련해 놓으시고 인류를 구원하시는 분이 아니라 다윗 자신을 구원하시는 분이었습니다. 사울의 위협으로부터 다윗을 건지시고 구해주시는 하나님이셨습니다. 우리가 믿는 하나님도 친히 우리 각자의 길이 되어주시는 분이십니다.

단순하게 인류 구원의 길을 알려주고 제시하는 것은 종교일 뿐입니다. 다윗이 불렀던 하나님은 구원의 길을 가르쳐주시는 것이 아니라 직접 구원의 길이 되어주셨습니다. 다윗의 삶에 들이닥친 구체적인 위기, 자신을 죽이기 위해 땅끝까지 쫓아오는 사울에게서 건져주시는 구원의 하나님이셨습니다.

우리가 믿는 하나님은 종교의 하나님이 아니십니다. 우리가 믿고 있는 기독교는 종교가 아닙니다. 인간이 가지고 있는 내적이고 형이상적이고 철학적인 문제와 고뇌를 해결할 길이 여기 있다고 그 길만 보여주는 종교적 해결책이 아니라는 말입니다.

우리가 믿고 따르는 하나님은 살아계셔서 다윗을 죽이러 온 사람들로부터 다윗을 구원하셨듯이 오늘 내 삶을 위협하고 있는 고통과 질병으로부터 나를 구원하시는 하나님이십니다. 이것이 다윗이 불렀던 '구원의 하나님'입니다. 다윗을 사울의 위협으로부터 구원하셨던 하나님, 사울의 악한 계략에서 다윗을 건지신 분, 블레셋의 위험에서 다윗을 구원하신 분이 오늘 우리를 질병과 재정의 위기에서 건지십니다. 다윗이 믿었던 하나님은 '나를 구원하시는 하나님'이십니다.

> 내가 허물이 없으나 그들이 달려와서 스스로 준비하오니 주여 나를 도우시기 위하여 깨어 살펴 주소서
>
> 시 59:4

더 놀라운 점은 하나님이 깨어 살피신다는 것입니다. 어려움과 위기의 상황에서도 인간은 잠을 자느라 위기에서 벗어날 기회를 놓칠 수 있습니다. 다윗도 잠든 사이에 목숨을 잃을 뻔 했습니다. 항상 깨어서 위기에 대비할 수 없는 존재가 인간인데 하나님은 깨어서 우리를 보호하십니다. 다윗이 잠들어 있을 때도 보호하시고, 다윗이 미처 인식하지 못할 때도 구원하십니다.

우리도 천국에 가보면 우리가 알지 못한 위기로부터 하나님께서 우리를 얼마나 많이 건지셨는지 알게 되고, 놀라게 될 것입니다. 하나님은 우리를 지키고 보호하시기 위해 항상 깨어서 살펴주십니다. 항상 깨어서 지켜주는 분이십니다.

악을 심판하시는 하나님, 세상의 통치자

다윗의 하나님은 '악을 심판하시고 세상을 통치하시는 분'이십니다.

주님은 만군의 하나님 여호와,
이스라엘의 하나님이시오니
일어나 모든 나라들을 벌하소서
악을 행하는 모든 자들에게 은혜를 베풀지 마소서 (셀라)

시 59:5

여호와여 주께서 그들을 비웃으시며
모든 나라들을 조롱하시리이다

시 59:8

진노하심으로 소멸하시되 없어지기까지 소멸하사
하나님이 야곱 중에서 다스리심을
땅 끝까지 알게 하소서 (셀라)

시 59:13

그들에게 저물어 돌아와서 개처럼 울며

성으로 두루 다니게 하소서

시 59:14

그들은 먹을 것을 찾아 유리하다가

배부름을 얻지 못하면 밤을 새우려니와

시 59:15

다윗에게 하나님은 구원자이면서 동시에 심판자이셨습니다. 악을 그냥 내버려두지 않고 심판하시는 분, 세상을 공의롭게 통치하시는 분, 열방을 완벽하게 통치하시는 분이 다윗의 하나님이셨습니다. 다윗에게는 이 땅을 통치하는 분이 사울 왕도, 블레셋 아기스 왕도 아니고 여호와 하나님이라는 믿음이 있었습니다.

여호와여 주께서 그들을 비웃으시며

모든 나라들을 조롱하시리이다

시 59:8

무슨 말입니까? 사람들이 마치 자기가 세상을 다스리는 것처럼 거만을 떤다는 것입니다. 모든 것을 다 아는 듯 교만하게 목에 힘을 주지만, 하나님께서는 그들을 비웃으시고 모든 나라들을 조롱하십니다. 하나님의 허락이 없으면 충분히 가능해 보이는 일도 이루어지지 않습니다. 완전해 보이는 계획도 하나님이 허락하시지 않으면 성공할 수 없습니다. 아무리 강력한 군대라 할지라도 하나님의 허락이 없으면 한순간에 무너집니다.

그러나 악인들은 이 비밀을 모릅니다. 자신의 힘과 꾀만 있으면 어떤 일이든 할 수 있다고 생각합니다. 그래서 악행을 저지르고 악한 일들을 계획합니다. 그런데 다윗은 하나님께서 위에서 내려다보시면서 이들을 비웃고 조롱하신다고 말합니다. 비웃으실 뿐만 아니라 진노하심으로써 악인을 심판하십니다. 하나님께서 정말 무섭게 심판하셔서 악을 다 무너트리시고, 마치 굶주린 개가 성을 떠돌듯이 그들을 유리하는 자가 되게 하십니다.

그러므로 여러분, 두려워하지 마십시오. 억울해하지 마십시오. 우리 하나님은 실수하지 않으십니다. 악인의 꾀를 비웃으시고, 모든 나라들을 조롱하시고, 악을 악으로 갚으시지만, 의인에게는 무한한 축복을 내리시는 분이십니다.

사울에게는 사울의 악행대로 갚으시고, 다윗에게는 다윗의 믿음대로 축복하셨듯이 오늘날에도 하나님께서는 이 땅에서 자기 힘을 의지하고, 자기의 악한 꾀를 의지하는 자에게는 그들의 악행이 그 머리로 돌아가게 하실 것입니다.

하나님이 나의 하나님이신 것을 믿습니다. 하나님께서는 반드시 의를 이루시며, 악은 반드시 심판하실 것을 믿습니다.

나의 요새

다윗은 하나님을 '나의 요새'라고 고백합니다.

하나님은 나의 요새이시니
그의 힘으로 말미암아 내가 주를 바라리이다
시 59:9

나는 주의 힘을 노래하며

아침에 주의 인자하심을 높이 부르오리니
주는 나의 요새이시며 나의 환난 날에 피난처심이니이다
나의 힘이시여 내가 주께 찬송하오리니
하나님은 나의 요새이시며
나를 긍휼히 여기시는 하나님이심이니이다
시 59:16-17

한글 성경에는 '요새'를 '산성'이라고 번역했는데 문자적으로 높은 곳을 의미합니다. 전투기가 없던 시절 전쟁 중에 제일 안전하고 유리한 곳은 무조건 높은 곳이었습니다. 원수들이 공격하기 어려운 곳이기 때문입니다. 평지에 있으면 원수들이 언제든지 쳐들어와서 칼과 창 그리고 활로 공격할 수 있지만, 요새에 있으면 원수들이 공격하기가 어렵습니다. 다윗에게는 하나님이 그런 분이십니다.

우리가 보호하심을 요청하며 하나님께 피할 때 원수들이 우리를 공격하기 어려워집니다. 원수들이 우리를 공격하기 어려운 곳이 바로 하나님 품안입니다. 우리 하나님은 우리를 보호하시는 분이십니다. 사울이 보낸 사람들로부터 다윗을 보호하셨듯이 우리를 모든 위험으로부터 보호하시는 분이십니다.

질병이 우리를 넘어트리려고 해도 우리 주 하나님은 우리의 요새가 되십니다. 세상의 유혹과 시험이 우리를 무너트리려고 해도 우리 하나님은 우리의 요새가 되십니다.

다윗은 위기 때마다 하나님께 피했고 언제나 안전했습니다. 주께 피하는 자는 넘어지지 않고 안전할 것입니다. 우리 하나님은 세상에서 가장 안전한 곳입니다. 보이지 않아도 능하신 손으로 우리를 지키시고, 보이지 않아도 예리한 눈으로 원수들의 계략을 간파하십니다. 저와 여러분을 안전하게 지키시는 분이 우리 하나님이신 줄 믿습니다.

방패 되신 하나님

다윗은 하나님을 '우리 방패'라고 고백합니다.

저희를 죽이지 마옵소서
나의 백성이 잊을까 하나이다
우리 방패되신 주여
주의 능력으로 저희를 흩으시고 낮추소서
시 59:11

방패도 요새와 비슷한 의미입니다. 요새는 원수들로부터 우리를 보호하는 곳이고, 방패 역시 원수들의 화살과 칼로부터 우리를 보호합니다. 조금 차이가 있다면 요새는 규모가 커서 몸 전체가 들어가서 숨거나 부대 전체가 들어가서 숨는 곳이지만 방패는 개인 병기입니다. 개인적이기에 좀 더 구체적인 적의 화살과 칼로부터 직접적으로 지켜준다는 의미를 지닙니다.

특별히 에베소서는 원수가 우리에게 쏘는 불화살이 있다고 말합니다.

> 모든 것 위에 믿음의 방패를 가지고
> 이로써 능히 악한 자의 모든 불화살을 소멸하고
> 엡 6:16

여기서 말하는 불화살은 직접적인 물리적 위협이기도 하고 영적인 내적 공격이기도 합니다. 원수가 우리 마음 가운데에 불화살을 계속 쏜다는 것입니다.

마귀는 참소를 통해서 우리 안에 계속 죄책감을 일으킵니다. "너, 그거 잘못했잖아. 너, 그때 불순종했잖아. 너,

그때 죄지었잖아. 너, 그때 넘어졌잖아. 예배하러 가면서 남편한테 있는 짜증 없는 짜증 다 내고 나왔잖아"라고 계속해서 죄책감을 일으켜서 우리가 영적으로 집중할 수 없게 합니다.

또 비아냥거림을 통해서 열등감을 일으키기도 합니다. "거봐, 넌 어차피 그런 놈이야. 네가 뭘 하겠어?" 수치심을 통해서 죽음을 생각하게 하고, 절망감을 통해서 무기력하게 만들기도 합니다. 모두 원수가 쏘는 불화살입니다.

죄책감과 열등감은 건강한 감정이 아닙니다. 죄를 짓고 죄책감을 느낄 수는 있지만 빨리 회개하고 하나님 앞에 돌이켜야 합니다. 죄책감이나 열등감을 계속 마음에 품고 있으면 건강한 영성을 가질 수 없습니다. 죄책감과 열등감이 계속 우리 안에 역사하고 있으면 하나님 앞에 나아가지 못하고, 하나님으로부터 멀어지게 되기 때문입니다.

다행스럽게도 하나님께서 모든 불화살을 소멸하는 우리의 방패가 되어주십니다. 원수의 어떤 화살도 우리를 넘어트리지 못할 것입니다. 원수가 어떤 화살을 쏘더라도 믿음의 방패가 되시는 우리 하나님 뒤로 숨으십시오.

"하나님, 나를 보호하여주십시오. 하나님, 지금 내 마음에 원수의 화살이 있습니다. 하나님, 원수가 불화살로 쏘아올린 죄책감, 수치심, 절망감을 막아주십시오. 내가 하나님 뒤에 숨습니다. 하나님은 나의 방패가 되어주시는 분이신 줄 믿습니다."

이렇게 고백하면서 나아갈 때 원수의 어떠한 화살도 우리에게 해를 끼치지 못할 것입니다.

환난 날에 피난처

다윗은 하나님을 '나의 환난 날에 피난처'라고 고백합니다.

> 나는 주의 힘을 노래하며
> 아침에 주의 인자하심을 높이 부르오리니
> 주는 나의 산성이시며
> 나의 환난 날에 피난처심이니이다
>
> 시 59:16

피할 곳이 있다는 것이 얼마나 큰 축복인지 모릅니다. 사울에게 쫓겼던 다윗은 갈 곳이 없었습니다. 왕이 군대를 풀어 이 잡듯이 뒤져서 숨을 곳이 없었습니다. 얼마나 피할 곳이 없었으면 원수의 나라, 골리앗의 고향인 블레셋 가드 땅으로 도망갔겠습니까. 정말 더 이상 갈 곳이 없었다는 것입니다.

그런 다윗에게 피할 곳이 딱 한 곳 있었는데 바로 여호와 하나님이었습니다. 여호와 하나님은 다윗에게 환난 날의 피난처가 되셨습니다. 비록 다윗이 땅에서는 머리 둘 곳도 없었지만, 하나님 안에서는 자유했습니다.

이 땅에 머리 둘 곳도, 도망갈 곳도 없어 보일 때라도 여전히 하나님은 환난 날에 우리의 피난처가 되어주십니다. 하나님은 여전히 우리를 환대하시고, 주께 피하는 자들을 내쫓지 않으시며, 환난 날에 우리의 피난처가 되어주십니다.

이것이 다윗 영성의 핵심입니다. 사울의 위협을 피해서 하나님께로 피했을 때 다윗의 마음에는 평강과 기쁨이 넘쳤고, 그의 삶은 예배로 충만했습니다.

환난 날에 피난처가 없어서 고통당하고 극단적인 선택을 하는 사람들이 얼마나 많은지 모릅니다. 사업 때문에 자살하는 분들, 고통 때문에 생을 내려놓는 분들이 교회에도 많습니다. 그런 소식을 들을 때마다 제 마음이 얼마나 아픈지 모릅니다. 그래도 예수 믿는 사람들인데 얼마나 마음 둘 곳이 없었으면 생을 마감했을까, 정말 절망적이라서 그랬다고 생각하니 참 마음이 아팠습니다.

여러분, 기억하십시오. 세상에는 마음 둘 곳이 정말 없어 보여도 하나님은 여전히 우리의 피난처가 되십니다. 이것을 붙드시길 바랍니다. 세상에는 아무런 해답도 없고, 어디 머리 둘 곳조차 없어 보여도, 하나님은 환난 날에 피난처가 되어주십니다.

믿음이 있는 사람들은 환난 날에 피할 곳이 있습니다. 우리 영혼을 하나님께 의탁할 때 하나님이 우리의 피난처가 되어주심을 믿습니다. 주 여호와는 환난 날에 여러분의 피난처가 되십니다.

인자하시고 긍휼히 여기시는 분

다윗은 하나님을 '인자하신 분', '긍휼히 여기시는 하나님'으로 고백합니다.

나의 하나님이 그의 인자하심으로 나를 영접하시며

하나님이 나의 원수가 보응 받는 것을
내가 보게 하시리이다
시 59:10

나는 주의 힘을 노래하며
아침에 주의 인자하심을 높이 부르오리니
주는 나의 요새이시며
나의 환난 날에 피난처심이니이다
나의 힘이시여 내가 주께 찬송하오리니
하나님은 나의 요새이시며
나를 긍휼히 여기시는 하나님이심이니이다
시 59:16-17

다윗이 하나님께 피했을 때 하나님은 인자함으로 다윗을 영접하시고 긍휼히 여김으로 품어주셨습니다. 한결같이 다윗에게 인자하셨고, 한결같이 다윗을 긍휼히 여겨주셨습니다. 우리에게도 그렇습니다.

하나님은 인자하신 분이십니다. 우리 형편을 모른다고 하지 않으시며, 우리의 어리석음을 꾸짖지 않으시며, 우리의 연약함을 벌하지 않으시는 분이십니다. 우리가 아무리 어리석어도, 아무리 여러 번 실수를 저질러도, 하나님께서는 그의 인자하심으로 우리를 영접해주십니다. 우리가 하나님께로 피할 때 그렇게 해주십니다.

하나님께서 진노하시고 심판하시는 이유는 딱 하나, 하나님을 멀리 떠난 후에 하나님께로 다시 돌이키지 않는 것뿐입니다.

그것만 아니라면 하나님은 언제나 우리를 인자하심으로 영접하시며 긍휼히 여겨주십니다. 하나님의 인자하심과 긍휼하심 안으로 들어가시는 여러분이 되시길 축복합니다.

나의 힘

하나님의 인자하심과 긍휼하심이 다윗의 힘이 되었습니다. 그래서 다윗은 하나님을 '나의 힘이시여'라고 부르고 있습니다.

나의 힘이시여 내가 주께 찬송하오리니
하나님은 나의 요새이시며

나를 긍휼히 여기시는 하나님이심이니이다

시 59:17

하나님은 다윗의 힘이셨습니다. 다윗의 힘은 육체의 근력도, 거느린 군대도, 그의 지식이나 인맥도 아니었습니다. 다윗의 힘은 오직 '하나님'이셨습니다. 여호와를 자기 하나님으로 삼는 사람은 복이 있습니다. 그분이 우리의 힘이시기 때문입니다.

이러한 백성은 복이 있나니
여호와를 자기 하나님으로 삼는 백성은 복이 있도다

시 144:15

원수를 멸하시며 나를 구원하시는 분, 불의를 소멸하시고 의로운 자를 높이시는 분, 환난 날에 피난처가 되시며 방패가 되시는 분, 인자로 나를 영접하시고 긍휼로 나를 품으시는 하나님을 향한 믿음이 다윗 신앙의 핵심이었고, 극심한 환난 속에서도 다윗이 기쁨을 잃지 않았던 비결이었습니다.

여호와 하나님이 나의 하나님이십니다! 여호와 하나님이 나의 힘이십니다! 여호와 하나님이 나의 피난처이십니다! 여호와 하나님이 나의 노래이시며 여호와 하나님이 나의 찬송이십니다! 내 평생에 주를 찬양하며, 주의 이름을 송축합니다! 비파야, 수금아, 깰지어다! 내가 여호와 하나님을 찬양하리로다!

다윗처럼 아무리 어려운 환난 속에서도 하나님께 기쁨의 고백을 드리게 되기를 간절히 축원합니다.

07

주의 오른손으로 구원하시고 응답하소서

시편 60편

다윗이 믿었던 하나님은 어떤 하나님이신지, 그가 누렸던 신앙은 어떤 신앙인지, 그의 믿음은 어떤 믿음이었는지를 나타내는 여섯 편의 시편을 믹담, 황금의 시, 다윗의 보물이라고 부르는데 그 마지막이 시편 60편입니다.

시편 60편에는 '다윗이 아람 나하라임과 아람소바와 싸우는 중에 요압이 돌아와 에돔을 소금 골짜기에서 쳐서 만 이천 명을 죽인 때에'라는 소제목이 달려 있습니다. 다윗이 아람 왕과 전쟁할 때 기록된 시편이라는 뜻입니다. 그래서 학자들은 시편 60편의 배경이 사무엘하 8장이라고 추측합니다.

사무엘하 8장에는 다윗이 아람, 에돔과 전쟁을 치르는 장면이 나오는데, 결론만 보면 다윗이 전쟁에서 대승을 거두지만, 이 전쟁이 처음부터 수월했던 것은 아니었습니다. 오히려 처음에는 큰 패배를 경험했습니다.

다윗이 북쪽에서 아람 왕들과 전쟁을 하고 있는 틈을 타서 남쪽에 있는 에돔이 국경을 넘어서 이스라엘로 쳐들어옵니다. 북쪽에서 전쟁을 하고 있는데 남쪽에서 에돔까지 쳐들어왔으니 난처한 상황에 놓이게 되었습니다.

이처럼 다윗이 치렀던 전쟁은 처음부터 순탄했던 것이 아니라 큰 위기, 큰 패배를 경험하는 것으로부터 시작했습니다. 예상치 못한 패배를 경험하고, 예상치 못했던 큰 위기를 겪게 된 상황이 시편 60편의 배경입니다.

이유를 알 수 없는 고난

다윗이 큰 어려움을 겪고 있는 것으로 시편 60편이 시작됩니다.

> 하나님이여 주께서 우리를 버려
> 흩으셨고 분노하셨사오나
> 지금은 우리를 회복시키소서
>
> 시 60:1

하나님의 백성이라고 해서 어려움이 없는 것은 아닙니

다. 하나님의 백성이라고 해서 항상 탄탄대로만 걷게 되는 것은 아닙니다. 삶을 살다보면 위기를 만나기도 하고 어려움에 봉착하기도 합니다. 질병에 걸리기도 하고 경제적으로 큰 어려움을 겪기도 합니다. 시험에 떨어질 때도 있고, 억울한 오해를 받기도 합니다. 더 어려운 것은 왜 그런 일이 일어났는지 이유를 알 수 없다는 것입니다.

시편 60편의 배경이 되는 사무엘서를 읽어보아도 다윗이나 이스라엘 백성이 죄를 지었다는 기록은 없습니다. 다윗이 큰 실패와 패배를 경험하게 되었는데 왜 그런 일이 일어났는지 이유를 알 수 없는 것입니다.

우리도 인생을 살다보면 이해할 수 없는 풍파를 만날 때가 있습니다. 왜 이런 일이 생겼는지 이해할 수가 없습니다. 완벽한 사람은 없겠지만, 하나님 앞에 특별히 큰 실수해서 벌을 받는 것도 아닙니다. 기억할 것은 인생에는 풍파가 있고, 우리는 그것을 다 이해할 수 없다는 것입니다.

분명히 하나님께서 다윗에게 이방 족속을 치라고 명하셨습니다. 그리고 분명히 그 땅을 유업으로 주시겠다고 약속하셨습니다. 그래서 다윗은 사명을 위해서 생명을 걸고 전쟁하고 있는 것입니다. 개인적인 이익이나 야망을 위해서가 아니라 하나님의 사명을 위해서, 하나님나라를 위해서 생명 바쳐 싸우고 있는 것입니다. 다윗의 전쟁은 철저히 하나님의 약속에 근거한, 하나님의 영광을 위한 전쟁이었습니다.

그런데 도대체 무슨 이유로 하나님께서 큰 어려움을 겪게 하시고, 전쟁에서 패배하게 하시는지 의문을 갖는 사람이 많을 것입니다. 하나님의 뜻에 대해서 굉장히 헷갈리고 의아할 것입니다.

다윗은 그런 상황에서 하나님께서 우리를 흩어버리셨고 우리에게 분노하셨다고 고백하면서 회복을 간구합니다. 여기서 가장 힘든 부분은 하나님이 왜 흩으셨는지, 왜 분노하셨는지 모르는 것입니다.

우리의 신앙생활에 있어서 가장 어려운 부분도 바로 이 부분이 아닐까 싶습니다. 특별히 잘못한 것도 아니고 오히려 하나님나라를 위해 최선을 다해 희생하고 섬기며 사역하고 있는데 왜 갑자기 이런 일이 생기는지 이해할 수 없습니다. 그리고 이것이 우리를 힘들게 하고, 시험에 들게 하고, 하나님을 떠나게 만드는 결정적인 원인이 되기도 합니다.

하나님, 도대체 왜 그러세요?

저는 이렇게 원인을 모르는 고난에 시험들어서 하나님을 떠난 사람들을 참 많이 만났습니다. 정말 열심으로 하나님을 섬기다가 도저히 이해할 수 없는 일을 경험하면서 교회를 떠나고 신앙생활을 그만두게 된 분들을 많이 만났습니다.

이유라도 알면 회개하고 돌이킬 텐데, 불순종의 결과로 어려움을 겪게 된 것임을 깨닫게 되면 수긍하고 인정할 텐데, 왜 이런 어려움을 겪고 있는지 이유를 모르니 정말 답답합니다. 더욱이 주를 위해 충성하다가 그런 일을 겪게 되면 너무 힘듭니다.

하지만 안타깝게도 이유를 알 수 없는 고난과 위기를 맞이할 때가 아주 많습니다. 사실 이유를 이해할 수 있을 때보다 이해할 수 없을 때가 더 많습니다. 저도 개인적으로 그렇습니다. 지금까지 신앙생활을 하면서 이해할 수 있는 일들도 있었지만, 이해할 수 없는 일들이 더 많았습니다. 아직도 이해할 수 없는 일들이 있습니다.

그래서 시편 60편은 우리에게 소중한 귀감이 됩니다. 다윗도 우리와 똑같이 이해할 수 없는 상황을 맞닥트렸습니다. 왜 하나님이 전쟁에서 패하게 하셨는지 아무리 돌아봐도 이해가 되지 않습니다. 예전에는 하나님께서 계속 승리하게 해주셨고 주님의 약속을 이루어가게 하셨는데, 갑자기 분위기를 바꿔 진노하시고 흩어버리시는 이유를 알 수가 없습니다.

그 가운데 쓰인 다윗의 고백이기에 우리도 집중하여 살펴보아야 합니다. 이유를 알 수 없는 실패, 이유를 알 수 없는 위기, 이유를 알 수 없는 질병 속에서 다윗이 어떻게 반응했는지, 하나님의 자녀라면 그 상황을 어떻게 극복해야 하는지 알 수 있습니다.

왜 이유를 묻는가?

이해할 수 없는 위기의 상황에서 다윗의 반응은 명확합니다. 이유를 알 수 없어도 하나님께 회복시켜달라고 간구합니다.

하나님이여 주께서 우리를 버려
흩으셨고 분노하셨사오나
지금은 우리를 회복시키소서

시 60:1

다윗은 하나님께 자신이 겪고 있는 고난의 이유를 묻거나 따지지 않았습니다. 하나님께서 왜 흩어버리셨는지, 왜 분노하셨는지 그 이유를 전혀 따지지 않았습니다. 오직 회복을 구합니다. 2절부터 마지막 절까지 하나님께 왜 그러셨는지 한 번도 질문하지 않습니다. 이것이 다윗의 기도입니다. 우리의 신앙생활에도 이 부분이 정말 중요합니다.

고난의 이유를 알 수 있을 때도 있습니다. 지은 죄로 인해서 벌어진 일이라면 무조건 회개해야 합니다. 그때는 하나님 앞에 돌이키는 것 외에는 다른 방법이 없습니다.

그런데 문제는 왜 이런 일이 일어났는지 도무지 감이 안 잡힐 때입니다. 하나님께 아무리 물어봐도 소용이 없습니다. 오히려 신앙을 더욱 침체하게 할 뿐입니다. 하나님께 따져봤자 시험에 들게 되고 하나님을 떠나게 될 뿐입니다.

그때는 하나님께 회복시켜달라고 간구하는 것이 유일한 방법입니다. 이유를 아는 것이 중요합니까? 회복되는 게 중요합니까? 당연히 회복되는 것이 중요합니다. 이유를 반드시 알아야만 회복되는 것이 아닙니다. 하나님이 회복시켜주시면 문제는 해결됩니다. 결국 우리에게 진짜 중요한 것은 이유를 아는 것보다 회복입니다.

그럼에도 불구하고 이유를 알아야겠다고 따지는 것은 하나님 앞에서 자존심을 세우는 것입니다. 하나님의 완전한 주권을 인정하지 못하는 것입니다. 하나님이 행하시는 일을 감히 스스로 평가하겠다는 것입니다. 이유를 들어보고 동의할 만하면 그대로 진행하고, 동의할 수 없으면 항변이나 항의를 하겠다는 것입니다. 그러나 하나님의 주권을 인정하면 이유를 물을 필요가 없습니다. 무슨 일을 하시든지 하나님의 선택입니다.

결국 우리 인생의 주권이 누구에게 있는지가 관건입니다. '이건 내 인생이니까 하나님의 일에 관여하겠다, 하나님이 어떻게 행하셨는지 자초지종을 듣고 그 정당성을 판단하겠다'라는 것은 하나님이 하시는 일에 왈가왈부 토를 달겠다는 것입니다. 그런 사람은 동의가 될 때까지 하나님께 계속 물어볼 것입니다.

하나님 앞에서 자존심을 세우는 인간의 교만함입니다. 피조물이 창조주 앞에서 질문하고 따지는 것은 사실 말이 안 됩니다. 창조하신 분이 마음대로 하실 권리가 있는 것 아닙니까. 우리는 다 하나님의 소유이고, 하나님께서 지으신 존재이기에 마음대로 하실 수 있는 권리도 창조주께 있습니다.

인간이 정해진 선을 넘어서 존재의 의미를 벗어나는 것이 교만입니다. 그래서 이유를 물으면 시험에 들게 되는 것입니다. 좋은 의도에서 묻는 것이 아니기 때문입니다. 하나님 앞에서 똑같은 실수를 반복하고 싶지 않고, 하나님을 더 알고 싶어서 질문한다면 이유를 알려주실 수도 있고 더 큰 복을 주실 수도 있습니다. 하지만 대부분은 나쁜 의도를 가지고 물어본다는 게 문제입니다.

하나님을 위해서 헌신하고 섬겼는데 이해할 수 없는 일을 겪게 되고, 그런 하나님의 뜻에 동의할 수가 없어서 물어보니까 좋은 열매를 맺을 수가 없습니다. 하나님 앞에서의 교만이고 월권행위입니다.

"제 인생이니까 하나님 마음대로 하실 수 없습니다. 하나님이 저에게 설명해주시고 저에게 허락을 받으셔야 합니다." 이런 사람은 근본적인 태도부터 틀렸습니다. 이런 질문을 던지는 한, 절대로 영적으로 부흥할 수 없습니다. 오히려 침체될 뿐입니다.

긍휼을 구하는 호소에 응답하시는 하나님

욥도 마지막에는 회개하고 돌이키지만, 처음에는 하나님께 도대체 왜 이런 일이 벌어지는 거냐고 따지며 물었습니다. 그런 욥에게 하나님은 이렇게 대답하십니다.

"내가 땅의 기초를 놓을 때 네가 어디 있었느냐? 땅의 너비를 네가 측량할 수 있느냐? 눈 곳간에 들어가 보았느냐? 우박 창고를 보았느냐? 그 어떤 것도 제대로 알지 못하면서 나에게 묻는 거냐?"

아무것도 아닌 인간은 감히 하나님께 질문할 수 있는 존재가 아님을 명확하게 알려주신 것입니다. 그래서 다윗은 '왜'라고 하나님께 묻지 않았습니다. 그저 회복시켜달라고 간구했습니다. 하나님이 행하신 일에 대해 평가하거나 참견하지 않았습니다. 감히 왈가왈부 토를 달지도 않습니다. 그저 하나님 앞에서 긍휼을 구하는 것입니다.

우리는 하나님께 이유를 물을 수 없습니다. 하지만 긍휼을 구할 수는 있습니다. 이것이 다윗 영성의 핵심입니다. 다윗은 하나님을 정확히 알고 있었습니다. 하나님은 세상을 창조하신 분이시기에 하나님께 왜라고 물어보는 것은 의미가 없다는 것을 정확히 이해하고 있었습니다. 동시에 하나님은 사랑과 긍휼의 하나님이신 것도 알았습니다. 그래서 하나님의 긍휼에 호소한 것입니다.

기억하십시오. 우리는 하나님께 이유를 물을 수 없습니다. 그러나 긍휼을 구할 수는 있습니다. 하나님이 회복시킨다는 것이 다윗의 기도였습니다. 여러분의 기도는 어떻습니까? "왜 그러셨습니까!"라는 욥의 항변입니까? 아니면 "회복시켜주소서!"라는 다윗의 호소입니까?

하나님께서는 긍휼을 구하는 우리의 호소에 응답하십니다. 이유를 묻는 항변에는 많은 경우 답하지 않으십니다. 이유를 묻는 항변에는 대부분 침묵하십니다. 창조주가 하시는 일을 우리가 어떻게 다 이해하겠습니까. 시간과 공간을 초월하신 분, 지혜의 깊이를 측량할 수 없는 분이 행하시는 일을 우리가 어떻게 이해하겠습니까. 하나님은 우리의 영성을 위해서 대답을 안 해주실 때도 있습니다.

그러나 감사하게도 긍휼을 구하는 호소에는 항상 응답하십니다. 이것이 비밀입니다. 이유를 물을 때는 침묵하실 수도 있지만, 긍휼을 구할 때는 항상 응답하십니다. 하나님께서는 다윗의 기도를 들으셨습니다. 회복시켜달라는 호소를 들으시고 반전을 일으키셨습니다. 결국 다윗은 전쟁에서 대승을 거두고 큰 승리로 전쟁을 마무리하게 됩니다.

우리의 인생도 마찬가지입니다. 왜라는 질문을 붙잡고 있을 때는 대답을 얻지 못할 가능성이 큽니다. 그러나 긍휼에 호소할 때는 반드시 응답하실 것입니다. "우리가 왜 이런 위기에 처했는지 이해할 수 없지만 우리를 구원하여 주십시오"라는 기도에는 하나님께서 신실하게 응답하실 줄 믿습니다.

흔들림도 비틀거림도 하나님의 뜻이다

다윗은 전쟁의 패배라는 이해할 수 없는 환난에 대해 '주께서 땅을 진동시키시고, 주의 백성에게 어려움을 보이셨다'고 이야기합니다.

주께서 땅을 진동시키사 갈라지게 하셨사오니
그 틈을 기우소서 땅이 흔들림이니이다
주께서 주의 백성에게 어려움을 보이시고
비틀거리게 하는 포도주를 우리에게 마시게 하셨나이다
시 60:2-3

모든 환난과 위기가 주께서 행하신 일이라는 것입니다. 다윗은 자신에게 복이 되고 좋아 보이는 일들만 주께서 행하신 일이 아니라 실패처럼 보이고 저주처럼 보이고 좋아 보이지 않는 일들이나 이해할 수 없는 일들까지 모두 주께서 주관하고 계신다는 것을 믿었습니다.

이것이 시편 60편이 전하는 다윗 신앙의 두 번째 핵심입니다. 좋은 일이든 나쁜 일이든, 이해할 수 있는 일이든 이해할 수 없는 일이든, 축복으로 보이든 저주로 보이든, 모든 것을 하나님이 주관하신다는 것입니다. 실수가 없으신 하나님께서 모든 만물을 통치하신다는 것이 다윗의 믿음이었습니다.

땅이 진동하고 갈라진다고 하는 것은 삶의 기초가 무너진다는 뜻으로 더 이상 의지할 곳이 없다는 다윗의 고백입니다. 제가 캘리포니아에서 유학생활을 했는데 그곳은 지진이 많은 동네입니다. 저도 큰 지진은 아니지만 작은 지진을 여러 번 경험했습니다.

지진이 일어나게 되면 한 번도 경험해보지 못한 상황을 맞닥트리게 됩니다. 의지할 것이 없다는 것이 무엇인지 처음으로 깨닫게 됩니다. 어지럼증이 오거나 강한 바람이 불면 우리는 무의식적으로 무언가를 잡습니다. 아직 땅에 고정되어 있으니까 무언가 잡으면 괜찮을 것이라고 생각합니다. 그런데 땅이 흔들리면 더 이상 잡을 것이 없습니다. 나무를 잡아도 같이 흔들리고, 책상을 잡아도 같이 흔들립니다. 의지할 게 없다는 말이 무슨 뜻인지 알게 됩니다.

포도주에 비틀거린다는 것은 무기력하게 된 것을 의미합니다. 대단한 용사, 삼손 같은 힘을 지닌 장수도 술에 취하면 힘을 잃게 됩니다. 무장 해제를 당하여 무력해집니다. 술에 취해 비틀거리게 되면 자신의 능력과 힘을 전혀 발휘할 수 없습니다.

다윗은 지금 자신이 그렇게 무기력해졌다고 말하고 있습니다. 위기의 상황 앞에서 자신의 능력은 아무 소용이 없다고 하나님께 고백하고 있는 것입니다.

인생의 위기는 의지할 곳이 없는 위기, 무기력해져서 자신의 능력으로는 도저히 감당할 수 없는 위기로 옵니다. 다윗은 그 위기의 상황에서 땅을 흔들리게 하신 것도 포도주에 취해 비틀거리는 우리를 무력하게 하신 것도 다 주가 행하신 일이라고 고백합니다.

시편 60편이 전하는 다윗 신앙의 두 번째 핵심은 이 사실을 인정하는 것에서 시작됩니다. 주께서 행하신 일입니다. 우연히 이루어진 일이 아닙니다. 원수 마귀의 공격 때문에 일어난 일이 아닙니다. 주께서 행하신 일입니다.

물론 원수 마귀가 우리를 넘어트리려고 공격할 때가 있기는 합니다. 그러나 그것도 하나님이 허락하시니 가능한 것입니다. 하나님이 허락하지 않으셨는데 그런 일이 일어날 수는 없습니다. 일부러 기획하시지는 않았지만, 하나님이 허락하셨으니까 일어난 일이라는 것입니다.

왜 허락하셨는지는 모릅니다. 우리를 영적으로 더 깨우기 위함일 수도 있고, 더 기도하라고 그러셨을 수도 있고, 우리의 죄 때문일 수도 있고, 이해할 수 없는 하나님의 계획이 있을 수도 있습니다. 중요한 것은 하나님이 허락하셨기 때문에 일어난 일이라는 것입니다.

구원하시고 응답하소서

다윗은 주께서 사랑하시는 자를 구원해달라고 기도합니다.

주를 경외하는 자에게 깃발을 주시고
진리를 위하여 달게 하셨나이다 (셀라)
주께서 사랑하시는 자를 건지시기 위하여
주의 오른손으로 구원하시고 응답하소서

시 60:4-5

주를 경외한다는 것은 주님의 결정을 존중한다는 뜻입니다. 주님의 결정을 존중하고 주님의 주권을 철저하게 인정하는 것이 경외하는 것입니다. 여러분이 하나님을 경외한다고 이야기한다면 그것은 하나님께서 행하신 모든 일을 인정한다는 뜻입니다. 여기서 말하는 인정은 좋은 결정만이 아니고 나쁜 결정처럼 보이는 것도 포함됩니다. 전쟁에서 이기는 것만이 아니라 패배하는 것, 나를 건강하게 하시는 것만이 아니라 병들게 하시는 것, 이 모두를 인정하고 존중하는 것이 하나님을 경외하는 것입니다.

좋은 일만 벌어질 때는 하나님을 경외하고 있는지 아닌지 알 수가 없습니다. 좋은 일을 반대하는 사람은 없습니다. 이해할 수 없는 일, 나쁜 일이 벌어져야 누가 하나님을 경외하는지 알 수 있습니다.

진짜 하나님을 경외하는 사람은 전쟁에서 패했을 때도, 이해할 수 없는 질병에 걸렸을 때도, 이해할 수 없는 실패 앞에서도 여전히 하나님을 경배합니다. 그런 사람이 하나님을 경외하는 사람입니다. 그는 전쟁에서 패배하여 쓰러져도 원망하거나 의아해하지 않습니다. 먼저 자신의 죄가 무엇인지 돌아봅니다. 그래도 이해되지 않으면 주께서 하신 일을 존중하며 그 이유를 묻지 않습니다. 원망하거나 짜증내지 않습니다.

주께서는 주를 경외하는 자들을 사랑하시고 구원하신다고 다윗은 말합니다. 주를 경외하는 자들을 하나님께서 사랑하시고 구원하신다는 것입니다.

(1) 피할 길을 내소서

4절을 보면 "주를 경외하는 자에게 깃발을 주시고 진리를 위하여 달게 하셨나이다"라고 이야기하는데 번역이 이해하기 힘들게 되어 있습니다. 새번역은 이렇게 번역하고 있습니다.

활을 쏘는 자들에게서 피하여 도망치도록, 깃발을 세워서

주님을 경외하는 사람들을 인도해 주십시오. (셀라)

시 60:4

'진리'라고 번역된 히브리어 단어 '코쉐트'를, '활'을 뜻하는 히브리어 단어 '케쉐트'의 아람어 형으로 해석한 것입니다. 또 '위하여'에 해당하는 히브리어 '미페네'는 위하여 뿐만 아니라 '무엇으로부터'로도 해석이 가능합니다. 그래서 새번역과 공동번역은 "활을 쏘는 자들에게서 피하여"라고 해석하고 있습니다.

어찌 되었든 이 깃발은 에돔 군대의 화살로부터 퇴각하는 자들을 위한 표식입니다. 다시 말해 패배한 이스라엘 군대를 안전한 곳으로 모으고 전쟁을 위해 다시 소집하는 깃발입니다.

결국 깃발을 세워달라는 다윗의 말은 적의 화살로부터 피할 수 있도록 어디로 가야 하는지 알려달라는 것입니다. 피할 곳을 알려달라고 하나님께 호소하는 것입니다. 지금 전쟁에서 패했지만 적의 화살로부터 안전하게 피할 곳을 알려주시고, 죽지 않게 지켜주셔서 다시 한번 싸울 수 있는 기회를 달라고 호소하는 것입니다.

하나님께서는 다윗의 기도를 들으시고 정말로 깃발을 세워주십니다. 깃발을 세워 피할 곳을 보여주시고, 다윗의 군대를 다시 불러 모으셨습니다. 이것이 시편 60편의 내용입니다.

혹시 위기 가운데 계십니까? 혹시 곤경 가운데 있습니까? 그렇다면 다윗처럼 기도해보지 않으시겠습니까?

“주님, 깃발을 세워주십시오. 주님, 어디로 피해야 하는지 가르쳐주십시오. 한 번 더 싸울 수 있는 기회를 주십시오. 이렇게 끝낼 수는 없습니다. 반전의 기회를 주십시오.”

그러면 하나님께서 깃발을 세워주실 줄 믿습니다. 피할 곳을 알려주실 줄 믿습니다. 그 깃발 아래로 피하십시오. 그 깃발 아래로 모이십시오. 정말 중요한 기도입니다.

위기가 왔다고 무턱대고 피하면 안 됩니다. 어디인지도 모르는 곳으로 도망가면 안 됩니다. 전쟁에서 아무렇게나 흩어지는 것은 죽음이나 마찬가지입니다. 원수가 원하는 것이 아무렇게나 흩어지는 것입니다.

위기가 왔을 때는 더 철저하게 하나님의 깃발에 집중해야 합니다. 하나님이 어디로 길을 내시는가, 어디로 피하게 하시는가를 정확하게 보고 피해야 합니다. 다윗처럼 호소할 때 하나님이 분명히 깃발을 세우실 것입니다. 우리가 다 알 수 있도록 깃발을 세우실 것입니다.

위기 가운데 있고, 환난 가운데 있다면 다윗처럼 호소하십시오. 이유를 물어봐도 소용없습니다. 회복시켜달라고, 적의 화살을 피할 수 있도록 깃발을 세워달라고, 어디로 피해야 할지 알려달라고 호소해야 합니다.

그 깃발 아래서 반전의 기회를 주실 것입니다. 다른 곳으로 피하면 반전의 기회가 없습니다. 다른 곳으로 피하면 패배로 끝납니다. 하나님의 깃발 아래로 피하는 자에게만 반전의 기회가 주어집니다. 다윗이 실제로 그랬습니다. 결국 전쟁에서 반전을 일으켰고 큰 승리를 거두었습니다. 하나님은 우리에게도 동일하게 역사하십니다.

(2) 주님의 응답

다윗의 기도는 이유를 묻는 기도가 아니었습니다. 이유를 따지는 기도가 아니었습니다. 자신에게 행하신 하나님의 일이 정당한지 아닌지, 억울한 일인지 아닌지 전혀 묻지 않았습니다. 시편 어디에도, 사무엘하 어디에도 다윗이 고난당한 이유에 대한 설명이 없습니다. 그리고 다윗이 그 이유를 물었다는 기록도 없습니다. 왜냐하면 다윗은 주를 경외하는 사람이었기 때문입니다.

주께서 행하신 일은 항상 옳습니다. 나에게 복이 될 때만이 아니라 해가 될 때도 여전히 옳습니다. 나를 승리하게 하실 때만이 아니라 패배하게 하실 때도 여전히 옳습니다. 하나님은 하나님이시기 때문에 그렇습니다. 여호와 하나님은 모든 만물의 주인이시기 때문에 그렇습니다.

다윗은 주를 경외하는 사람이었기에 그의 기도는 이유를 묻는 기도가 아니라 긍휼을 구하는 기도였습니다. 그는 이유를 묻지 않고 긍휼을 구했습니다. "하나님, 우리를 건져주십시오. 하나님, 우리를 불쌍히 여겨주십시오. 하나님, 피할 길을 내주십시오. 하나님, 반전의 기회를 한 번 더 허락하여주십시오." 이것이 다윗의 기도였습니다. 하나님께서는 긍휼을 구하는 다윗의 기도를 들으시고 응답하셔서 다윗을 구원하셨습니다. 다윗에게 반전의 기회를 주시고 결국에는 전쟁에서 승리하게 하셨습니다.

여러분은 어떤 기도를 드리고 있습니까? 혹시 이유를 묻는 함정에 빠져 계시지는 않습니까? 혹시 하나님을 향해서 왜 이러시냐고 끊임없이 묻고 계시지는 않습니까? 그 기도는 빨리 멈추십시오. 그 기도에는 응답이 없습니다. 하나님께서는 이유를 묻는 기도에 대부분 설명해주시지 않습니다.

하나님께서는 하나님을 경외하는 자들을 찾으신다고 말씀하십니다. 끝까지 하나님의 뜻이 이해되지 않는다고 할지라도 하나님을 경외하는 자들은 주님 앞에 신실하게 붙어 있습니다. 따라서 우리가 해야 할 기도는 이유를 묻는 기도가 아닙니다. 우리가 해야 할 기도는 긍휼을 구하는 기도입니다. 그것이 피조물의 합당한 반응입니다.

위기에 처하고 큰 어려움을 만났을 때 피조물에 합당한 반응은 '왜'를 묻는 것이 아니라 '긍휼'을 구하는 것입니다. "주님, 지금은 우리를 회복시키시고, 우리를 건져주십시오." 이것이 합당한 기도입니다.

하나님 앞에 엎드려라

다시 강조합니다. 우리는 절대 하나님 앞에서 교만을 떨면 안 됩니다. 하나님 앞에서 목을 곧게 세우면 안 됩니다. 그것은 잘못된 태도입니다. '내 인생의 주인은 나'라고 하는 교만은 하나님의 주권을 인정하지 않고 반역하는 태도에서 나오기 때문입니다. 올바른 태도는 하나님 앞에 엎드리는 것입니다. 이해할 수 없어도, 동의되지 않아도 긍휼을 구할 뿐입니다.

하나님 앞에서 인간은 훅하고 불면 사라져버리는 하루살이 같은 존재입니다. 오늘 있다가 내일 아궁이에 던져지는 들풀처럼 정말 아무것도 아닌 존재입니다. 감히 하나님 앞에서 서 있을 수도 없는 존재입니다. 피조물의 올바른 반응이 무엇인지 명심해야 합니다.

혹시 하나님 앞에서 너무 똑똑한 척하고 있지는 않습니까? 너무 능력 있는 척하고 있지는 않습니까? 너무 지혜로운 척하고 있지는 않습니까? 전부 잘못된 태도입니다. 다윗은 그렇게 하지 않았습니다. 반복해서 말하지만, 그는 하나님의 긍휼을 구했습니다.

혹시 왜라고 하는 함정에 빠져 계신 분이 있다면 오늘 돌이키시기를 주의 이름으로 도전하고 축복합니다. 우리의 기도가 바뀌어야 합니다. 우리의 마음과 태도가 먼저 바뀌어야 합니다. 겸손하게 주님 앞에 나아가야 합니다. 다 이해할 수 없어도 여전히 하나님은 선하십니다. 주를 경외하며 나아가시기를 바랍니다. 우리는 하나님께 긍휼을 구할 수 있습니다. 주를 신뢰함으로, 겸손함으로 나갑시다.

08

그는 우리의 대적을 밟으실 이시다

시 편 60 편

시편 60편은 다윗의 믹담으로 알려져 있는 여섯 편의 시편 중 마지막 시편입니다. 다윗이 아람과의 전쟁에서 이유를 알 수 없는 패배를 경험하게 되는 것이 시편 60편의 배경입니다.

다윗은 패배를 모르고 계속 승리했습니다. 하나님의 말씀에 순종하며 주께서 주신 사명을 이루기 위해서 전쟁할 때 주의 능하신 손이 함께했고, 패배를 몰랐습니다. 그러다가 아람과의 전쟁에서 갑작스러운 패배를 경험하게 됩니다. 게다가 에돔까지 침입하는 위기를 맞이합니다.

그런 상황 가운데 다윗은 하나님께 왜 패하게 하셨는지 이유를 묻지 않습니다. 이해할 수 없는 상황 앞에서 이유를 묻는 대신 하나님의 긍휼을 구합니다. 하나님을 경외하는 사람의 모습입니다.

하나님을 경외한다고 하는 것은 하나님의 주권을 인정하

는 것입니다. 주권을 인정한다는 것은 나에게 좋은 일이 일어났을 때만 하나님이 행하신 일을 인정하는 것이 아니라 나에게 좋지 않은 일이 있을 때, 이해할 수 없는 상황 가운데 처했을 때도 여전히 하나님의 주권을 인정하는 것입니다.

다윗은 하나님을 경외하는 자였기에 이유를 묻지 않고 긍휼을 구합니다. 이것이 시편 60편이 전하는 다윗 영성의 첫 번째 핵심입니다.

사실 인간은 하나님께 왜 그런 일을 하셨냐고 따지며 물을 수 없습니다. 물어볼지라도 많은 경우 하나님께서는 대답해주지 않으십니다. 우리가 이해할 수 없는 상황이라는 것은 말 그대로 우리의 지혜를 뛰어넘은 상황이라는 뜻입니다. 하나님이 알 수 없는 섭리로 우리를 통치하고 계신 것이기에 대답해주셔도 이해할 수 없는 일들입니다.

그래서 하나님께서 우리에게 요구하시는 것이 믿음입니다. 모든 것이 전부 다 이해될 수 있다면 믿음이 왜 필요하겠습니까. 믿음은 이해할 수 없는 상황 가운데 요구되는 것입니다. 이해할 수는 없지만 신뢰할 수는 있습니다.

이해할 수 없는 상황 가운데서도 하나님을 신뢰하는 믿음이 하나님을 경외하는 것입니다. 그래서 이해할 수 없는 상황 가운데서도 믿음으로 긍휼을 구할 수 있습니다. 하나님께서는 긍휼을 호소하는 자의 기도를 들으십니다. 다윗을 그렇게 구원하셨습니다.

뛰놀게 되는 믿음

앞장에서 살펴본 5절까지 다윗의 마음은 굉장히 갈급하고, 위기 가운데 당황스럽고, 그런 중에 하나님의 긍휼을 간절히 구하고 있습니다. 그런데 6절부터는 그의 마음이 급변하는 것을 보게 됩니다.

하나님이 그의 거룩하심으로 말씀하시되
내가 뛰놀리라 내가 세겜을 나누며
숙곳 골짜기를 측량하리라
길르앗이 내 것이요 므낫세도 내 것이며
에브라임은 내 머리의 투구요
유다는 나의 규이며 모압은 나의 목욕통이라
에돔에는 나의 신발을 던지리라
블레셋아 나로 말미암아 외치라 하셨도다
시 60:6-8

다윗은 자신이 기뻐 뛰놀 거라 확신합니다. "하나님이 그의 거룩하심으로 말씀하시되"라는 주의 말씀이 임하자 다윗의 마음이 급변합니다. 하나님의 말씀이 임하신 것입니다.

하나님 앞에 간절히 긍휼을 호소했을 때 위로부터 하나님의 말씀이 다윗에게 임했고, 다윗의 심령이 급변하게 됩니다. 근심과 탄원이 확신과 기쁨으로 바뀌게 됩니다. 더 이상 두려워하지도, 한탄하지도 않습니다. 하나님이 하실 일들에 대한 확신과 감격으로 뛰놀겠다고 기뻐합니다. 자신의 미래가 어떻게 될지 확신한 것입니다.

이것이 하나님을 경외하는 기도의 능력입니다. 하나님을 경외하는 자는 자신의 미래가 하나님 손에 있다는 것을 믿습니다. 하나님을 경외한다는 것은 지금 일어나고 있는 현재의 일들이 하나님의 손에 있다는 것을 믿는 것입니다.

또 과거에 나에게 일어났던 일들도 하나님이 행하신 일임을 믿는 것입니다. 우연히 일어난 일이나 재수가 없어 벌어진 일이 아니고, 하나님이 주권적으로 역사하신 것을 믿는 것입니다.

과거나 현재나 내 삶에 일어난 모든 일이 하나님께서 행하신 일임을 믿을 때 두 번째 종류의 믿음이 우리에게 부어지게 됩니다. 바로 나의 미래도 하나님 손에 있다는 것을 믿는 믿음입니다.

과거 현재 미래도 하나님 손에 있다

현재를 믿음 가운데 살아가는 사람에게는 미래에 대한 믿음이 함께 부어집니다. 현재와 과거를 믿음 가운데 걸어간다고 하는 것은 지금까지 행하셨던 일에 대해 원망하지 않고, 하나님의 주권을 인정하고, 지금 일어나고 있는 일들에 대해서도 왜라ㅌ고 묻지 않고, 하나님의 주권을 인정하고 살아가는 것을 의미합니다.

이런 사람에게 주어지는 축복이 있습니다. 미래에 있을 일들도 여전히 하나님의 손에 있다는 축복을 믿는 믿음이 시편 60편이 우리에게 주고 있는 메시지입니다.

현재 일어나고 있는 일이나 과거에 있었던 일이 하나님의 주권임을 인정하지 못하면 사람은 자신의 힘과 지혜로 문제를 해결하려고 합니다. 하나님을 경외하지 않는 것입니다.

그런 사람은 미래에 대해서도 불안해합니다. 어느 순간

자신의 힘과 지혜가 부족해 문제를 극복할 수 없는 것은 아닐까 하는 불안이 엄습합니다. 결국 현재 일어나고 있는 일들에 대한 하나님의 주권을 인정하지 못하면 미래에 대해서도 불안할 수밖에 없습니다.

하나님이 완전히 컨트롤하고 계신다는 것을 인정하지 못하면 현재를 자신의 힘과 지혜로 살아가야 합니다. 과거에 행하셨던 하나님의 일들을 인정하지 못하니까 원망과 불평의 쓴 뿌리가 그대로 있어 미래의 일들에 대해서도 하나님을 신뢰할 수 없고, 늘 불안과 염려 속에 살아갑니다. 하나님을 경외하지 않는 자가 치르게 되는 대가입니다. 어떻게 보면 저주입니다.

이와 반대로 하나님을 경외하는 자는 하나님의 주권을 신뢰함으로 이유를 묻지 않습니다. 과거의 일들에 대해서도 시험들지 않기 때문에 미래에 대해서도 평안함을 갖습니다.

지금까지 인도하신 하나님, 이해할 수는 없지만 가장 완전한 계획으로 내 삶을 인도하시는 하나님을 향한 믿음의 고백이 미래에 대해서도 평안함을 갖게 합니다. 과거도 현재도 미래도 하나님 손에 있음을 믿는 것입니다.

이해할 수 없는 일에 대해 이유를 묻지 않고 긍휼을 구했을 때 다윗은 하나님을 경외하는 자리로 들어갔습니다.

어떤 사건 앞에 서거나 어떤 일이 닥치게 되면 우리 마음 가운데 전쟁이 일어납니다. 근심이 생겼다가, 믿음이 생겼다가, 염려가 생겼다가 이리저리 흔들리는 것이 인간의 마음입니다. 다윗도 그런 과정을 거치다가 하나님을 경외하는 자리로 들어갔습니다. 어떤 선을 넘어서 하나님을 경외하는 자리로 들어간 것입니다. 그것이 바로 결단이고 선택입니다.

기도할 때 그런 일이 일어납니다. 기도하지 않을 때는 절대로 일어나지 않습니다. 기도하지 않는데 하나님을 경외하는 결단이 저절로 설 수는 없습니다. 영적인 일이기 때문입니다.

그래서 기도하기 시작하면 씨름이 일어납니다. 씨름이 일어나는데 그러다가 어느 순간에 훅하고 넘어갈 때가 있습니다. 바로 하나님을 경외하는 자리로 들어선 것입니다. 시편 60편 1절부터 5절까지 다윗은 하나님 앞에서 긍휼을 구하고 기도하며 씨름하다가 6절부터 하나님을 경외하는 자리로 넘어갑니다.

그 자리로 들어가면 두 번째 믿음이 부어집니다. 지금까지 신실하셨던 하나님, 지금까지 실수가 없으셨던 하나님, 나를 완전하게 지키셨던 하나님께서 앞으로도 나를 지키실 것이고, 미래에도 나를 보호하실 것이라는 반전의 믿음이 일어나며 심령 가운데 기쁨이 부어집니다.

전쟁에서 패하여 죽을지 살지, 나라가 망할지 흥할지 알 수 없는 상황 가운데서 다윗이 뛰놀기 시작하는 것이 이상해 보이지만, 사실은 다윗의 심령에 기쁨이 일어나기 시작한 것입니다. 하나님이 함께하신다는 믿음이 생기고 자신의 마음을 휘감고 있던 두려움과 염려가 눈 녹듯이 다 사라져버린 것입니다.

하나님을 경외하는 자의 미래는 하나님의 손에 있습니다. 하나님이 지금 나에게 행하시는 일, 지금까지 행하셨던 일에 실수가 없으심을 고백하는 기도가 중요합니다.

그렇게 기도하는 자에게는 하나님께서 반전의 역사를 이루십니다. 심령이 한순간에 바뀌는 역사를 이루십니다. 한순간에 심령이 바뀌면서 기뻐 뛰놀게 하십니다. 반전의 믿음이 여러분에게도 역사하기를 주의 이름으로 축복합니다.

두려움에서 기쁨으로 바뀌는 믿음

6절을 보면 알 수 있듯이 다윗의 심령을 두려움에서 기쁨으로 바꾸는 믿음은 하나님의 말씀으로부터 왔습니다. 기도할 때 하나님의 말씀이 다윗에게 임한 것입니다. 로마서에도 하나님의 말씀을 들을 때 믿음이 생긴다고 말합니다.

> 그러므로 믿음은 들음에서 나며
> 들음은 그리스도의 말씀으로 말미암았느니라
> 롬 10:17

우리 안에 믿음은 저절로 생기는 것이 아니라 하나님의 말씀으로부터 옵니다. 하나님의 말씀을 들을 때 심령이 움직이기 시작합니다. 다윗도 마찬가지입니다. 하나님의 말씀이 다윗의 심령에 역사하기 시작하자 위로의 말씀, 약속의 말씀이 다윗의 심령 속에서 살아 움직이기 시작합니다.

이것이 믿음의 시작입니다. 다윗뿐 아니라 수많은 믿음의 선배들이 위기 속에서 긍휼을 구할 때 하나님의 말씀이 임했습니다. 기도할 때 하나님이 지키고 계신다는 말씀,

하나님이 복을 주신다는 말씀, 하나님이 미래를 책임지신다는 말씀이 임했습니다.

그런데 여기서 말씀이 임한다는 것은 모르던 말씀이 갑자기 떠오른다는 것이 아닙니다. 평소 읽었던 말씀, 암송하거나 설교로 들었던 말씀들이 떠오르고 그 말씀이 믿어집니다. 어떻게 믿어지는지 설명할 수는 없습니다. 성령님의 강권적인 역사이기 때문입니다. 우리가 간절히 기도할 때 성령께서 우리 안에 있는 하나님의 말씀을 살아 있는 하나님의 말씀으로 들려지게 하십니다. 저는 이것이 성령님의 가장 중요한 역사라고 믿습니다.

단순히 말씀을 볼 때는 믿음이 생기지 않습니다. 성령께서 역사하셔야 마음을 울리고 심령을 감동시킵니다. 말씀이 기도와 만났을 때, 상황 가운데 하나님께서 하시는 말씀으로 믿어지기 시작할 때 말씀이 살아서 움직이기 시작하는 것입니다.

평상시에 말씀을 많이 읽고 암송하는 것이 그래서 중요합니다. 위기의 순간에 하나님께 기도할 때 평상시에 읽었던 말씀, 암송하고 있던 말씀이 떠오르고, 심령에 반전이 일어납니다. 심령에 반전이 일어나며 기뻐 뛰놀게 됩니다.

마음의 불안은 조금씩 조금씩 사라지지 않습니다. 반전이 일어날 때 한번에 기뻐 뛰놀게 되는 역사가 일어납니다.

하나님의 약속들

다윗이 하나님께 긍휼을 구하며 기도했을 때 하나님의 말씀이 하늘로부터 임하는데, 그 약속의 말씀은 세겜을 나누며 숙곳 골짜기를 측량하리라는 것, 모압은 다윗의 목욕통이 될 것이고, 에돔에는 다윗의 신발을 던지겠다는 것입니다. 하나님께서 선조들에게 약속하셨던 땅과 유업들을 모두 다윗에게 주실 것이라는 약속입니다.

그리고 성경은 우리에게도 놀라운 하나님의 약속들을 전해주고 있습니다.

(1) 우리와 함께하시는 하나님

하나님께서는 우리와 항상 함께하시겠다고 약속하셨습니다.

이 전쟁에는 너희가 싸울 것이 없나니

대열을 이루고 서서 너희와 함께 한

여호와가 구원하는 것을 보라

유다와 예루살렘아

너희는 두려워하지 말며 놀라지 말고

내일 그들을 맞서 나가라

여호와가 너희와 함께 하리라 하셨느니라 하매

대하 20:17

전쟁에서 우리가 싸울 것이 없습니다. 여러분이 처한 상황 가운데 여러분이 싸울 것이 없습니다. 여호와 하나님께서 대신 싸우겠다고 약속하셨습니다. 질병, 재정, 관계 등 모든 전쟁에서 우리는 싸울 것이 없습니다. 이것이 하나님의 약속인 줄 믿습니다.

우리가 하나님께 긍휼을 구하며 기도할 때 이 약속의 말씀이 우리 심령에 믿음으로 일어납니다. 아침이 오면 해가 뜬다는 사실만큼 자명하게 하나님이 우리 대신 싸우신다는 말씀이 믿어지게 됩니다.

어떻게 믿어지는지 설명할 수는 없습니다. 성령께서 하시는 일이고 기도의 능력입니다. 그래서 말씀과 기도는 동전의 양면입니다. 성령님의 도우심 없이는 절대로 말씀이 믿어지지 않습니다. 살아서 역사하지 않습니다.

그러나 우리가 믿음으로 기도할 때 읽고 묵상하고 연구했던 말씀이 믿어지게 됩니다. 수천 년 전에 하셨던 말씀이 오늘 나에게 하시는 말씀으로 살아납니다. 정말 신기한 역사입니다.

(2) 우리를 지키시는 하나님

하나님께서 우리를 지키실 것이라고 약속하셨습니다.

여호와께서 너를 실족하지 아니하게 하시며
너를 지키시는 이가 졸지 아니하시리로다
이스라엘을 지키시는 이는 졸지도 아니하시고
주무시지도 아니하시리로다
여호와는 너를 지키시는 이시라
여호와께서 네 오른쪽에서 네 그늘이 되시나니
낮의 해가 너를 상하게 하지 아니하며
밤의 달도 너를 해치지 아니하리로다
여호와께서 너를 지켜 모든 환난을 면하게 하시며
또 네 영혼을 지키시리로다

여호와께서 너의 출입을 지금부터 영원까지 지키시리로다

시 121:3-8

내가 하는 모든 행위를 하나님께서 지키신다는 것입니다. 실수하지 않으시고, 주무시지 않으시고, 졸지도 않으시니 빈틈이 없으십니다.

낮의 해와 밤의 달로부터 우리를 지키시고, 우리의 오른쪽에 그늘이 되시며 모든 환난으로부터 우리를 지키십니다. 우리의 영혼을 지키십니다. 우리의 출입을 지금부터 영원까지 지키십니다. 이것이 성경의 약속입니다.

우리 영혼을 절대 무너지지 않게 하십니다. 우리를 환난에서 건지십니다. 들어오고 나갈 때 하나님께서 함께하십니다. 간절히 간구할 때 하나님이 지키시겠다는 약속이 오늘 나에게 주시는 약속입니다.

(3) 우리에게 복을 주시는 하나님

성경은 하나님께서 우리에게 복을 주실 것이라고 약속하십니다.

그 밤에 여호와께서 그에게 나타나 이르시되
나는 네 아버지 아브라함의 하나님이니 두려워하지 말라
내 종 아브라함을 위하여 내가 너와 함께 있어
네게 복을 주어 네 자손이 번성하게 하리라 하신지라

창 26:24

찬송하리로다
하나님 곧 우리 주 예수 그리스도의 아버지께서
그리스도 안에서 하늘에 속한 모든 신령한 복을
우리에게 주시되

엡 1:3

온갖 좋은 은사와 온전한 선물이
다 위로부터 빛들의 아버지께로부터 내려오나니
그는 변함도 없으시고 회전하는 그림자도 없으시니라

약 1:17

하나님께서 온갖 좋은 것들을 우리에게 주실 것이라고 약속하셨습니다. 모든 좋은 복들이 하늘로부터 여러분에게 내려올 것입니다. 나쁜 일은 하나도 허락하지 않으실 것입니다. 여러분들을 강건케 하실 것입니다.

(4) 우리의 기도를 들으시는 하나님

하나님께서는 우리가 기도할 때 들으시겠다고 약속하셨습니다.

내가 여호와께 간구하매 내게 응답하시고
내 모든 두려움에서 나를 건지셨도다
시 34:4

내가 고통 중에 여호와께 부르짖었더니
여호와께서 응답하시고
나를 넓은 곳에 세우셨도다
시 118:5

내가 환난 중에 여호와께 부르짖었더니
내게 응답하셨도다
시 120:1

내가 간구하는 날에 주께서 응답하시고
내 영혼에 힘을 주어 나를 강하게 하셨나이다
시 138:3

너는 내게 부르짖으라 내가 네게 응답하겠고
네가 알지 못하는 크고 은밀한 일을 네게 보이리라
렘 33:3

우리가 부르짖을 때 하나님이 응답하십니다. 그러니 간구하십시오. 부르짖으십시오. 하나님께서 약속하신 대로 응답하십니다. 우리가 기도한 대로 응답하십니다. 이것이 성경의 약속이고 성경의 간증인 줄 믿습니다.

(5) 우리에게 주어진 약속을 여는 열쇠

이외에도 반드시 승리케 하시는 약속, 질병으로부터 보호하시는 약속, 결코 포기하지 않겠다는 약속, 유업을 잇게 하신다는 약속, 우리를 영화롭게 하신다는 약속 등 우리가 긍휼을 구하며 기도할 때 하나님의 놀라운 약속이 우리에게 살아 움직입니다. 은혜의 역사가 삶 가운데 부어지기 시작합니다.

다윗에게도 그 약속이 임했습니다. 시편 60편에서 말씀하신 약속들은 다윗의 선조들에게 주셨던 약속입니다. 아브라함에게 주신 약속이고, 모세에게 주셨던 약속입니다. 그러나 다윗이 하나님의 주권을 인정하고 기도하며 주님 앞에 나갔을 때 이 약속들이 살아나서 아브라함의 약속이 아니라 다윗의 약속이 되고, 모세의 약속이 아니라 다윗의 약속이 된 것입니다.

사실 약속의 땅을 주시겠다고 약속한 대상은 아브라함이고, 모세입니다. 그런데 다윗은 하나님이 약속의 땅을 자신에게 주실 거라고 외치고 있습니다. 이제는 선조들에게 주셨던 약속이 아니라 자신의 약속이 되었다는 고백입니다.

우리도 마찬가지입니다. 간절히 기도하고 하나님을 경외하며 주님 앞에 나아갈 때 성경에 나오는 인물에게 주셨던 약속이 나의 약속이 되는 것입니다.

이것이 기도의 능력입니다. 기도는 약속의 말씀을 살아나게 합니다. 주를 경외함으로 기도할 때, 하나님께 따지는 것이 아니라 긍휼을 구할 때 응답하십니다. 주를 경외하는 자가 긍휼을 구하며 기도하는 것이 약속을 받는 열쇠입니다.

사람의 힘을 의지하지 않는 믿음

다윗은 자신을 구원하실 분이 하나님이심을 분명하게 알았습니다.

누가 나를 이끌어 견고한 성에 들이며
누가 나를 에돔에 인도할까
하나님이여 주께서 우리를 버리지 아니하셨나이까
하나님이여 주께서 우리 군대와 함께
나아가지 아니하시나이다
우리를 도와 대적을 치게 하소서
사람의 구원은 헛됨이니이다
우리가 하나님을 의지하고 용감하게 행하리니
그는 우리의 대적을 밟으실 이심이로다
시 60:9-12

견고한 성에 들이는 분도, 에돔으로 인도하는 분도, 약속의 말씀을 이루실 분도, 전쟁에서 승리케 하실 분도 하나님이심을 다윗은 분명히 알았습니다.

자신의 힘도 아니고 모세의 전략도 아닙니다. 사람의 구원은 헛됩니다. 이것이 다윗의 믹담을 쭉 살펴보면서 내리게 되는 공통된 결론입니다. 사람의 구원은 헛되다는 것이 다윗 영성의 가장 핵심적인 진수였습니다. 자신을 인도하고 구원하실 분은 하나님밖에 없다는 것입니다.

다윗의 믹담 여섯 편을 보면 처음부터 끝까지 다윗은 일관되게 여호와께로 피합니다. 사람의 힘을 의지하지 않습니다. 이것이 하나님께서 다윗을 높게 드셨던 이유입니다.

사실 다윗도 죄가 많았습니다. 실수도 많이 하고 넘어지기도 많이 넘어졌습니다. 살인도 하고 간음도 하고 많은 죄를 저질렀습니다. 그럼에도 불구하고 하나님께서 "다윗은 내 마음에 합한 자라"고 높게 평가하셨던 이유는 다윗이 사람을 의지하지 않았기 때문입니다. 다윗의 믹담이 공통되게 우리에게 도전하고 있는 메시지입니다.

다윗은 사람의 구원이 헛되다는 것을 분명하게 알고 오직 여호와 하나님만이 구원임을 알았습니다. 그래서 한결같이 하나님께로 피했습니다. 하나님께서 그런 다윗을 건지시고 구원하시고 다윗의 추상적이고 헛된 믿음을 살아 있는 믿음으로 바꾸어주셨습니다.

다윗처럼 긍휼을 구하라

여러분은 지금 어떤 상황 가운데 있습니까? 다양한 상황들이 있을 것입니다. 이해할 수 없는 상황 가운데 있는 분, 큰 실패를 경험한 분, 질병 가운데 있는 분, 사람의 오해와 깨어진 관계 때문에 고통스러운 분, 재정적인 위기에 있는 분, 사업의 위기 가운데 있는 분 등 여러 어려운 상황 속에서 힘들어하실 것입니다.

그렇다면 다윗처럼 반응하는 것은 어떻습니까? 원망하는 것은 아무런 도움도 되지 않습니다. 그렇게 해서는 아무것도 해결할 수 없습니다. 상황을 더욱 악화시키고 여러분의 영혼을 피폐하게 할 뿐입니다.

그렇게 반응하지 말고 다윗처럼 반응합시다. 힘들면서 괜찮다고 말하는 것은 거짓입니다. 위기 가운데 있는데 어떻게 괜찮겠습니까. 다윗도 전쟁에서 뜻밖에 패배를 당했을 때 괜찮지 않았습니다. 두렵고 황망하고 힘들었습니다. 괜찮다고 말하는 것은 어떻게 보면 하나님 앞에서의 교만이고 허세입니다.

가장 올바른 태도는 다윗처럼 긍휼을 구하는 것입니다. “주님, 지금의 상황을 이해할 수 없습니다. 그러나 주님을 신뢰합니다. 도와주십시오. 긍휼을 베풀어주십시오”라고 겸손하게 하나님 앞에 나아가는 것이 다윗의 태도였습니다. 이것이 바로 하나님이 원하시는 태도입니다.

왜 그런 일이 벌어졌는지 아무도 모릅니다. 다윗도 몰랐습니다. 이유를 몰라도 됩니다. 겸손하게 긍휼을 구하면서 나가면 됩니다.

그때 하나님의 말씀이 우리 안에 살아나기 시작할 것입니다. 약속의 말씀이 살아날 것입니다. 그 말씀이 여러분을 독수리처럼 새롭게 할 것입니다. 원수들을 향하여 외치게 할 것입니다.

다윗이 했던 것처럼, “블레셋아 나로 말미암아 외치라. 블레셋아 여호와의 위대하심으로 말미암아 외치라. 여호와를 찬양하라. 그의 인자하심은 영원함이로다. 그의 인자하심은 영원함이로다”라는 고백을 하게 될 줄 믿습니다.

황금시편

초판 1쇄 발행 2023년 11월 30일

지은이 고성준

펴낸이 여진구
책임편집 안수경 김도연
편집 이영주 박소영 최현수 김아진 정아혜
책임디자인 마영애 노지현 | 조은혜 이하은
홍보 · 외서 진효지
마케팅 김상순 강성민
제작 조영석 허병용
마케팅지원 최영배 정나영
경영지원 김혜경 김경희 이지수

303비전성경암송학교 유니게 과정
이슬비전도학교 / 303비전성경암송학교 / 303비전꿈나무장학회

펴낸곳 규장

주소 06770 서울시 서초구 매헌로 16길 20(양재2동) 규장선교센터
전화 02)578-0003 팩스 02)578-7332
이메일 kyujang0691@gmail.com
홈페이지 www.kyujang.com
페이스북 facebook.com/kyujangbook
인스타그램 instagram.com/kyujang_com
카카오스토리 story.kakao.com/kyujangbook

등록일 1978.8.14. 제1-22

책값 뒤표지에 있습니다.
ISBN 979-11-6504-482-4 03230

규 | 장 | 수 | 칙

1. 기도로 기획하고 기도로 제작한다.
2. 오직 그리스도의 성품을 사모하는 독자가 원하고 필요로 하는 책만을 출판한다.
3. 한 활자 한 문장에 온 정성을 쏟는다.
4. 성실과 정확을 생명으로 삼고 일한다.
5. 긍정적이며 적극적인 신앙과 신행일치에의 안내자의 사명을 다한다.
6. 충고와 조언을 항상 감사로 경청한다.
7. 지상목표는 문서선교에 있다.

하나님을 사랑하는 자 곧 그의 뜻대로 부르심을 입은 자들에게는 모든 것이 合力하여 善을 이루느니라(롬 8:28)

규장은 문서를 통해 복음전파와 신앙교육에 주력하는 국제적 출판사들의 협의체인 복음주의출판협회(E.C.P.A:Evangelical Christian Publishers Association)의 출판정신에 동참하는 회원(Associate Member)입니다.